Diny Zijp
Omas Häkelgeheimnisse

Diny Zijp

Omas Häkelgeheimnisse

100 traditionelle Muster für Anfänger und Fortgeschrittene

rosenheimer

Inhalt

Teil I

Vorwort 8
Erklärung der Häkelschrift 8
Die Technik des Häkelns 9
Spitzenborten und Schrankspitzen 16
Häkeln mit Zickzackband 30
Filethäkelei 32
Kleine Motive 42
Spiralenmotive 48
Deckchen 56

Teil II

99

7. Auflage 1998
© 1995 Rosenheimer Verlagshaus GmbH & Co. KG, Rosenheim

Sonderausgabe der Titel »Omas Häkelgeheimnisse 1«, erstmals erschienen 1983,
und »Omas Häkelgeheimnisse 2«, erstmals erschienen 1985, von Diny Zijp
mit freundlicher Genehmigung des Verlages Uitgeverij Cantecleer bv, de Bilt
Übersetzung aus dem Niederländischen: Marlene Goemans-Palmen
Titelbild: Fotodesign Claus Rammel, Rosenheim
Satzarbeiten und Lithos: Ludwig Auer GmbH, Donauwörth
Druck und Bindung: Graphicom srl, Italien

ISBN 3-475-52833-9

Teil I

1: Ovales Deckchen: Die Arbeitsanleitung finden Sie auf Seite 94 und 95.

Vorwort

Bereits seit frühester Jugend habe ich mich mit Handarbeiten beschäftigt. Dabei machte mir das Häkeln ganz besonders viel Spaß. Der Vorteil dieser Handarbeit liegt darin, daß man keine teuren Werkzeuge und kein kostspieliges Material dazu benötigt. Man braucht lediglich ein paar einfache Häkelnadeln, ein wenig dünnes Garn – was nur wenig Platz einnimmt – und die Arbeit kann beginnen. Je dünner die Nadel und das Garn, desto mehr erzielt man den Effekt zarter Spitzen.

Im Laufe der Jahre habe ich viele Häkelarbeiten geschenkt bekommen und kopieren dürfen, was die Entstehung dieses Buches ermöglichte. Die meisten Arbeiten sind zwischen 90 und 110 Jahre alt, angefertigt von Damen, die im vorigen Jahrhundert geboren wurden. Dieses Buch soll ihre Häkelmuster für die Nachwelt erhalten.

Hiermit möchte ich mich bei all denen bedanken, die mir ihre alten, oft vergilbten, manchmal sogar teilweise vermoderten Erbstücke ausgeliehen haben und mir erlaubten, sie zu kopieren und festzuhalten. Mein ganz besonderer Dank gilt meinen beiden Großmüttern, die ihren Enkelkindern wunderschöne Häkelarbeiten hinterließen.

Viele Menschen interessieren sich heute wieder für alte handwerkliche Traditionen und Handarbeiten. Ich hoffe, gerade diesen mit meinem Buch eine besondere Freude zu machen.

Diny Zijp

Erklärung der Häkelschrift

− = •	=	Luftmasche
ᴠ	=	Kettmasche
V	=	feste Masche
│	=	halbes Stäbchen
│	=	einfaches Stäbchen
ŧ	=	Doppelstäbchen
ŧ	=	dreifaches Stäbchen
● = ○	=	Pikot
⋀	=	Wenn zwei oder mehr Stäbchen zusammenkommen, werden sie zusammen abgemascht.

Abbildung 1

Alle Materialangaben beziehen sich auf Garne von Coats Mez.

Die Technik des Häkelns

Häkeln ist eine Technik, bei der mit Hilfe einer Häkelnadel Schlingen gebildet werden, um eine Struktur herzustellen. Mit dieser Technik fertigt man Stoffe an.

Die erste Masche (Skizze 2):

Der Anfang einer Häkelarbeit beginnt immer mit einer Schlinge. Hierfür wird der Faden zu einer ganz normalen Schlinge geknotet. Man sticht die Häkelnadel hindurch und hält sie fest, wie man einen Bleistift oder Federhalter hält, dann kann man sie gut in alle Richtungen bewegen. Der Anfang des Fadens wird lose über den Zeigefinger der anderen Hand gelegt. Zum Knäuel hin wird der Faden lose in der geschlossenen Faust festgehalten.

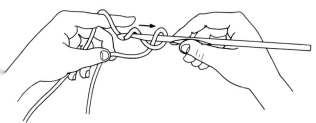

Abbildung 2: Das Häkeln der ersten Luftmasche mit der Häkelnadel

Luftmaschen (Skizze 3):

Alle Häkelarbeiten, ob sie nun in hin- und hergehenden Reihen oder rund gehäkelt werden, beginnen mit einem Luftmaschenanschlag. Dieses Häkeln von Luftmaschen nennen Kinder oft »eine Kordel häkeln«.
Eine Luftmasche entsteht wie folgt: Man sticht die Häkelnadel unter dem Faden durch, der über dem Zeigefinger liegt, vom Puls aus in Richtung der Fingerspitze (siehe Pfeil).

Den Faden, der jetzt auf der Häkelnadel liegt, zieht man wie eine Schlinge durch die bereits vorhandene Schlinge. Für jede weitere Luftmasche ist dies zu wiederholen.
Wenn Sie geradeaus häkeln wollen, z. B. für einen Einsatz, dann darf der Luftmaschenanschlag nicht zu lose gehäkelt werden. Ein Luftmaschenanschlag dehnt sich und dadurch würde der Anfang breiter sein, als die Kante der letzten gehäkelten Reihe.

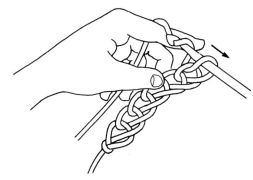

Abbildung 3: Das Häkeln von Luftmaschen

Kettmaschen (Skizze 4):

Beim Häkeln von Kettmaschen wird beim Wenden eine extra Luftmasche als Randmasche gehäkelt.
Eine Kettmasche häkelt man wie folgt:
a) In die obenauf waagrecht liegenden Maschenglieder der vorhergehenden Reihe oder des vorhergehenden Luftmaschenanschlages einstechen.
b) Den Arbeitsfaden um die Nadel schlingen und wie eine Schlinge durch die darunterliegende Masche ziehen
c) und durch alle Schlingen auf einmal holen.

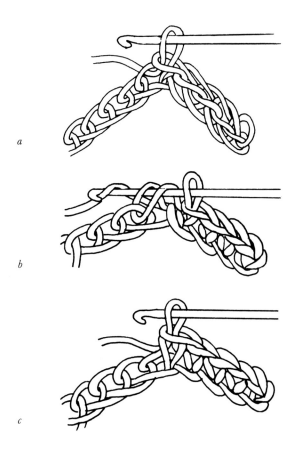

Abbildung 4: Das Häkeln von Kettmaschen

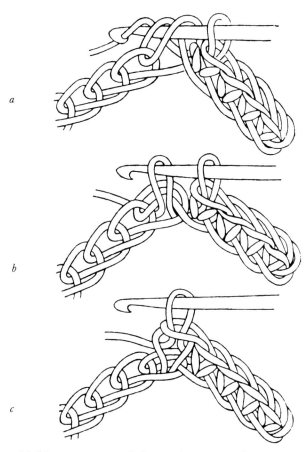

Abbildung 5: Das Häkeln von festen Maschen

Feste Maschen (Abbildung 5):

Beim Häkeln von festen Maschen werden beim Wenden zwei extra Luftmaschen als Randmaschen gehäkelt.

Eine feste Masche häkelt man wie folgt: In die obenauf waagrechtliegenden Maschenglieder der vorhergehenden Reihe oder des vorhergehenden Luftmaschenanschlages einstechen, den Arbeitsfaden um die Nadel schlingen und den Faden als Schlinge durch die Maschenglieder ziehen.

Ein zweites Mal den Arbeitsfaden um die Nadel schlingen und die so gebildete Schlinge durch die beiden Schlingen hindurchziehen, die sich auf der Häkelnadel befinden.

Halbes Stäbchen (Abbildung 6):

Sie schlingen den Arbeitsfaden um die Häkelnadel. Danach stechen Sie in die obenauf waagrecht liegenden Maschenglieder ein. Den Arbeitsfaden, der über dem Zeigefinger verläuft, schlingen Sie wiederum um die Nadel und holen ihn durch die Maschenglieder und zugleich durch alle anderen auf der Nadel liegenden Schlingen.

Einfaches Stäbchen (Abbildung 7):

Beim Häkeln von einfachen Stäbchen werden beim Wenden drei extra Luftmaschen als Randma-

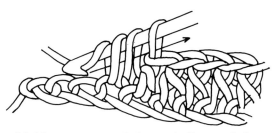

Abbildung 6: Das Häkeln von halben Stäbchen

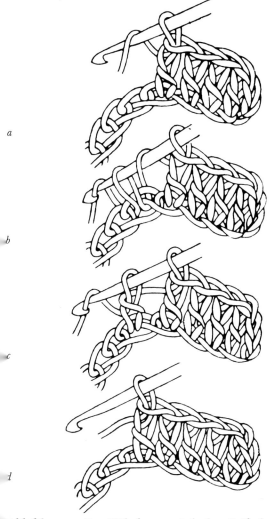

Abbildung 7: Das Häkeln von einfachen Stäbchen

schen gehäkelt. Ein einfaches Stäbchen häkelt man wie folgt:
a) Schlingen Sie den Faden um die Nadel.
b) Danach die Nadel unter die beiden obenauf waagrecht liegenden Maschenglieder einstechen. Dann nochmals den Faden um die Nadel schlingen und den Faden durch die Maschenglieder holen.
c) Ein drittes Mal den Faden um die Nadel schlingen und den Arbeitsfaden durch die ersten beiden Schlingen holen. Dann erneut den Faden um die Nadel schlingen und durch die beiden letzten Schlingen ziehen.
d) Das Stäbchen ist nun fertig.

Mehrfache Stäbchen (Abbildung 8, 9 und 10):

Außer den einfachen Stäbchen gibt es auch mehrfache Stäbchen. Wenn Sie die Häkeltechnik des einfachen Stäbchens beherrschen, wird Ihnen die Herstellung von Doppelstäbchen, dreifachen und vierfachen Stäbchen keine Schwierigkeiten bereiten.
Bei der Herstellung von mehrfachen Stäbchen wird der Arbeitsfaden mehrmals um die Nadel geschlungen (siehe hierzu entsprechende Abbildungen). Dann werden jeweils zwei Schlingen zugleich abgemascht.

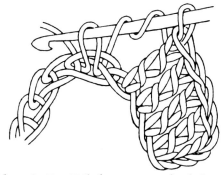

Abbildung 8: Das Häkeln von Doppelstäbchen

Doppelstäbchen (Abbildung 8):

Beim Häkeln eines Doppelstäbchens werden beim Wenden vier extra Luftmaschen als Randmaschen gehäkelt. Ein Doppelstäbchen ist deshalb höher als ein einfaches Stäbchen.

Es ist wie folgt zu arbeiten: Zunächst zweimal den Faden um die Nadel schlingen und erst danach die Nadel unter die beiden obenauf waagrecht liegenden Maschenglieder der vorhergehenden Reihe einstechen.

Den Faden um die Nadel schlingen und durch die beiden Maschenglieder holen. Den Faden erneut um die Nadel schlingen und durch die ersten beiden Schlingen, die auf der Häkelnadel liegen, durchziehen.

Dann zum letzten Mal den Faden um die Nadel schlingen und durch die beiden restlichen Schlingen ziehen.

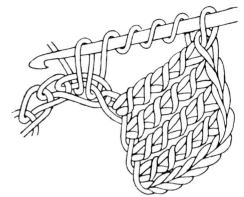

Abbildung 10: Das Häkeln von vierfachen Stäbchen

Dreifaches Stäbchen (Abbildung 9):

Beim Häkeln eines dreifachen Stäbchens werden beim Wenden fünf extra Luftmaschen als Randmaschen gehäkelt.

Bei der Herstellung von mehrfachen Stäbchen arbeiten Sie wie folgt: Zuerst dreimal den Faden um die Häkelnadel schlingen – anstatt der zwei Schlingen beim Doppelstäbchen – und erst danach die Häkelnadel unter die beiden obenauf waagrecht liegenden Maschenglieder der vorhergehenden Reihe einstechen. Weitere Arbeitsweise wie beim Doppelstäbchen.

Ein Pikot (Abbildung 11):

Zur Bildung eines Pikots häkeln Sie erst drei Luftmaschen, dann ein einfaches Stäbchen, das zurück in die erste der soeben gehäkelten drei Luftmaschen zu häkeln ist. Dadurch entsteht eine hübsche Verzierung.

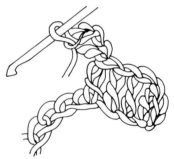

Abbildung 11: Das Häkeln eines Pikots

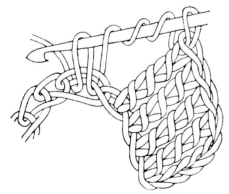

Abbildung 9: Das Häkeln von dreifachen Stäbchen

Kreuzstäbchen (Abbildung 12):

Kreuzstäbchen kommen in der Praxis nur selten vor. Häkeln Sie zunächst ein Doppelstäbchen in die vorhergehende Runde, dann zwei (oder mehr) Luftmaschen, dann den Arbeitsfaden um die Nadel schlingen und die Nadel in die Mitte des Doppelstäbchens einstechen; den Arbeitsfaden erneut um die Nadel schlingen und die Häkelnadel in eine Masche der vorhergehenden Reihe einstechen. Hierbei zwei oder mehr Maschen der vorhergehenden Reihe überschlagen.

Wiederum den Arbeitsfaden um die Nadel schlingen und die Schlinge durch die Maschenglieder ziehen.

Den Arbeitsfaden erneut um die Nadel schlingen, durch die erste Schlinge auf der Nadel und durch die Mitte des Doppelstäbchens holen.

Noch einmal den Faden um die Nadel schlingen und durch die beiden letzten Schlingen auf der Häkelnadel ziehen usw. (siehe Abbildung 12).

Das Wenden bei halben Stäbchen (Abbildung 14):

Sie häkeln an Stelle des ersten halben Stäbchens der folgenden Reihe zwei Luftmaschen. Hierin wird später eingestochen.

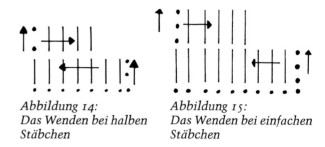

Abbildung 14: Das Wenden bei halben Stäbchen

Abbildung 15: Das Wenden bei einfachen Stäbchen

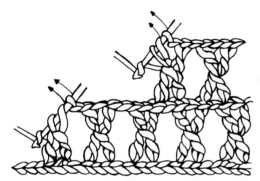

Abbildung 12: Das Häkeln eines Kreuzstäbchens

Das Wenden

Das Wenden bei festen Maschen (Abbildung 13):

Wenn Sie eine Häkelarbeit in hin- und hergehenden Reihen ausführen, muß die Arbeit nach jeder Reihe gewendet werden. Damit die Kanten der gehäkelten Arbeit gerade werden, häkelt man beim Wenden erst eine Luftmasche, ehe die nächste feste Masche gehäkelt wird. In diese Luftmasche sticht man nicht ein; sie dient lediglich zum Wenden.

Der Anfang einer Runde (Abbildung 16):

Beim Häkeln einer Runde, z.B. bei Deckchen, wird zunächst ein Luftmaschenanschlag gehäkelt, der mit einer Kettmasche zum Kreis geschlossen wird. Das erste Stäbchen der nächsten Runde bilden drei Luftmaschen (Doppelstäbchen vier Luftmaschen usw.).

Da Sie im Kreis arbeiten, braucht die Arbeit nicht gewendet zu werden, jedoch ist die Runde jedesmal durch eine Kettmasche zu schließen. Diese Kettmasche wird in den einzelnen Arbeitsanleitungen nicht angegeben. Beim Häkeln eines runden Deckchens kann es vorkommen, daß der Kreis für den Beginn einer neuen Runde an einer ungünstigen Stelle mit einer Kettmasche zu schließen

Abbildung 13: Das Wenden bei festen Maschen

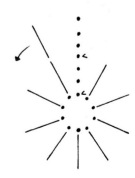

Abbildung 16: Beginn einer neuen Runde

ist. In diesem Falle häkeln sie mit einigen Kettmaschen weiter, bis zu einem günstigeren Punkt (siehe Abbildung 17).

Abbildung 17: Verlagerung des Anfangs einer neuen Runde auf einen günstigeren Punkt.

Filethäkelei:

Bei Filethäkelei wird ein leeres Kästchen mit ▢ angegeben, das bedeutet: ein einfaches Stäbchen – zwei Luftmaschen – ein einfaches Stäbchen. Dabei bildet das jeweils letzte Stäbchen gleichzeitig das erste des folgenden Kästchens. Ein geschlossenes Kästchen wird mit ▣ angegeben. Hierfür sind vier einfache Stäbchen zu häkeln. Dabei ist das letzte Stäbchen wiederum das erste Stäbchen des nächsten Kästchens.

Das Zunehmen bei Filethäkelei

Das Zunehmen eines geschlossenen Kästchens (Abbildung 18a):

Hierfür sind sechs Luftmaschen zu häkeln, dann ist die Arbeit zu wenden. Die ersten drei Luftmaschen bilden nun das erste einfache Stäbchen, welches auf der vierten Luftmasche – von der Häkelnadel aus gesehen – steht. Nun sind noch zwei Stäbchen auf die beiden folgenden Luftmaschen zu häkeln und ein Stäbchen auf das letzte Stäbchen der vorhergehenden Reihe.

Das Zunehmen eines offenen Kästchens (Abbildung 18b):

Acht Luftmaschen häkeln und die Arbeit wenden. Danach folgt ein einfaches Stäbchen auf das letzte Stäbchen der vorhergehenden Reihe.

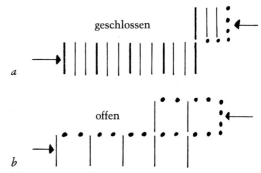

Abbildung 18a und b: Das Zunehmen eines Kästchens (offen bzw. geschlossen) am Ende einer Reihe bei Filethäkelei

Das Zunehmen zweier geschlossener Kästchen (Abbildung 19a):

Häkeln Sie neun Luftmaschen und wenden Sie Ihre Arbeit. Wiederum bilden die ersten drei Luftmaschen das erste Stäbchen, das also auch wieder auf der vierten Luftmasche – von der Häkelnadel aus gesehen – steht. Nun sind noch fünf Stäbchen auf die fünf folgenden Luftmaschen und ein Stäbchen auf das letzte Stäbchen der vorhergehenden Reihe zu häkeln.

Das Zunehmen zweier offener Kästchen (Abbildung 19b):

Elf Luftmaschen häkeln und die Arbeit wenden. Dann häkeln Sie ein einfaches Stäbchen auf die dritte Luftmasche, von der vorhergehenden Reihe

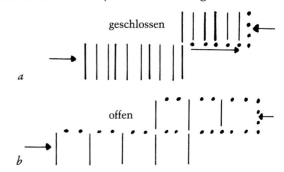

Abbildung 19a und b: Das Zunehmen zweier Kästchen (offen bzw. geschlossen) am Ende einer Reihe bei Filethäkelei

aus gerechnet. Es folgen zwei Luftmaschen und ein einfaches Stäbchen auf das letzte Stäbchen der vorhergehenden Reihe.

Das Zunehmen an beiden Seiten (Abbildung 20):

Wenn Sie bei Filethäkelei in derselben Reihe nach links wie nach rechts zunehmen wollen, dann geschieht dies an der rechten Seite wie zuvor beschrieben (Abbildung 18a bis 19b). An der linken Seite müssen die Kästchen angehäkelt werden, indem man zwei Luftmaschen und ein dreifaches Stäbchen – eingestochen in der vorhergehenden Runde – häkelt. / Dies kommt vor allem beim Häkeln von runden und ovalen Deckchen in Filethäkelei häufig vor.

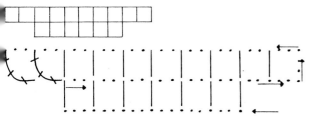

Abbildung 20a: Das Zunehmen am Anfang und Ende der Reihe bei Filethäkelei

Das Zunehmen an beiden Seiten bei geschlossenen Kästchen geschieht nach rechts mit Hilfe von Luftmaschen und nach links mit Hilfe von Doppelstäbchen. Das nächste Doppelstäbchen in das unterste Glied des vorhergehenden Stäbchens einstechen (Abbildung 20b und c)

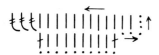

Abbildung 20b: Das Zunehmen eines geschlossenen Kästchens an beiden Seiten

Abbildung 20c: Das Zunehmen zweier oder mehrerer geschlossener Kästchen an beiden Seiten

Abnehmen bei Filethäkelei (Abbildung 21a/b):

Das Abnehmen bei Filethäkelei geschieht wie folgt: Die Arbeit für die folgende Reihe wenden und mit Kettmaschen bis zum gewünschten Kästchen zurückhäkeln.

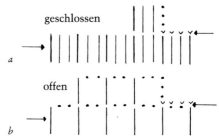

Abbildung 21: Das Abnehmen bei Filethäkelei

Das Garn:

Alle Motive können mit unterschiedlichen Garnstärken gehäkelt werden. Je dünner das Garn ist, desto kleiner und feiner wird die Arbeit. Es entsteht dadurch eher der Effekt einer Spitze, als der einer Häkelarbeit.
Die hier gezeigten Arbeitsanleitungen wurden meist aus Garnen hergestellt, die den MEZ-Glanzhäkelgarnen 10 g in den Stärken 20, 30, 50 und 80 sowie dem MEZ-Liana 10/50 g entsprechen.

Waschen und Stärken:

Um ein Deckchen schön in Form zu bringen, müssen Sie es waschen, gut ausspülen und danach stärken. Wenn das geschehen ist, nehmen Sie ein Brett oder ein Stück Spanplatte, das mit Plastikfolie überzogen wird.
Früher benutzte man zum Spannen von Deckchen Reißnägel, aber dadurch enstanden sehr oft Rostflecken. Sie sollten daher besser Kupfernägel verwenden. Das Deckchen im nassen Zustand in die gewünschte Form ziehen und festnageln. Wenn es trocken ist, braucht es dann nicht mehr gebügelt zu werden, so daß Ihre Häkelarbeit dadurch auch nicht mehr geplättet wird.

Spitzenborten und Schrankspitzen

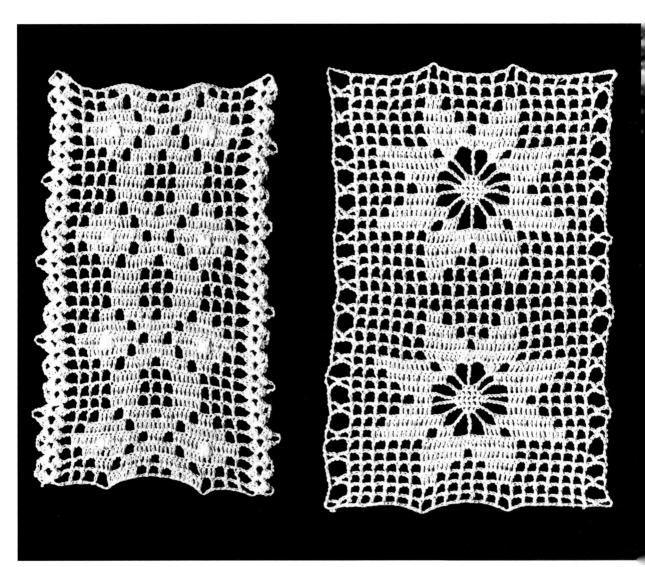

2 Zwei Einsätze

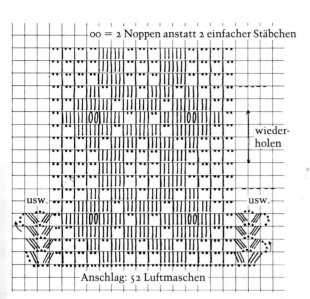
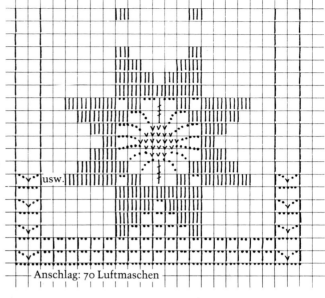

Arbeitsanleitung* zu Bild 2 links

Material: Anchor Glanzhäkelgarn 50/10 g
Breite der Spitze: 8 cm

Arbeitsanleitung zu Bild 2 rechts

Material: Anchor Glanzhäkelgarn 50/10 g
Breite der Spitze: 9,5 cm

Die Noppen stellt man wie folgt her: Den Arbeitsfaden um die Nadel schlingen, die Nadel in das Maschenglied einstechen und die Schlinge durchziehen. Diesen Arbeitsvorgang dreimal ausführen, dann alle Schlingen auf einmal abmaschen Bild 2 (links).

* Bei den in diesem Buch beschriebenen Arbeitsanleitungen wird niemals ein Stäbchen oder eine feste Masche nur in den vorderen oder hinteren Teil eines Maschengliedes der vorhergehenden Reihe oder Runde eingestochen. Bei groben Häkelarbeiten geschieht dies, um einen Rand herzustellen. Bei den Arbeiten, die hier beschrieben und abgebildet wurden, wird immer im ganzen Maschenglied eingestochen.

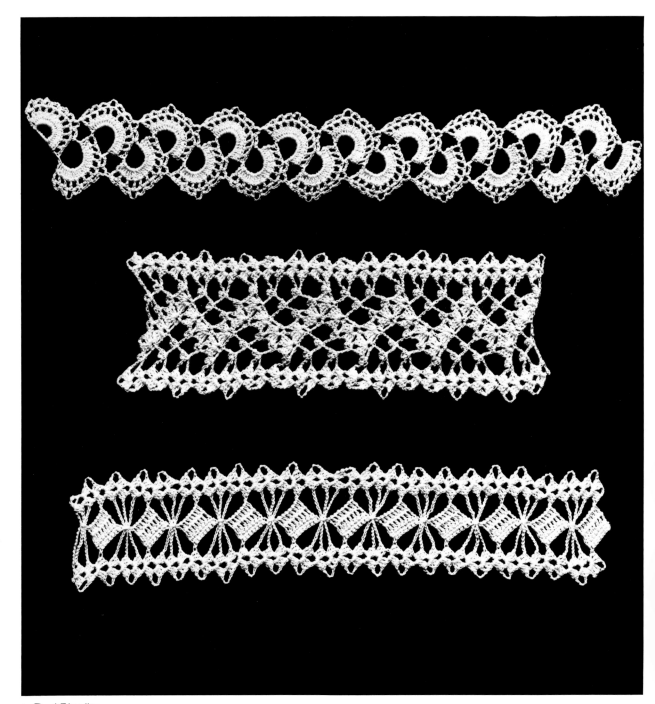

3 Drei Einsätze

Arbeitsanleitung zu Bild 3 oben

Material: Anchor Glanzhäkelgarn 50/10 g
Breite der Spitze: 3,5 cm

Anschlag: 15 Luftmaschen zum Ring schließen, darauf 23 einfache Stäbchen häkeln, wenden, nächste Runde jeweils 1 einfaches Stäbchen, eine Luftmasche usw. häkeln, wenden, dann 8 kleine Bogen häkeln. Nächste Runde erneut 15 Luftmaschen, 1 feste Masche und wenden.

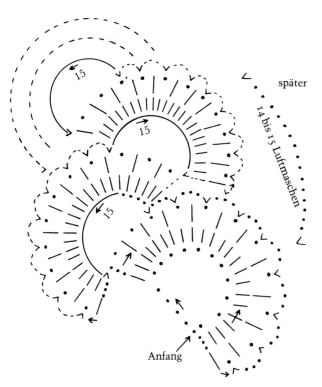

Arbeitsanleitung zu Bild 3 Mitte

Material: Anchor Glanzhäkelgarn 50/10 g
Breite der Spitze: 5 cm

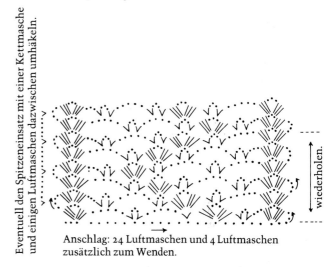

Anschlag: 24 Luftmaschen und 4 Luftmaschen zusätzlich zum Wenden.

Arbeitsanleitung zu Bild 3 unten

Material: Anchor Glanzhäkelgarn 50/10 g
Breite der Spitze: 4 cm

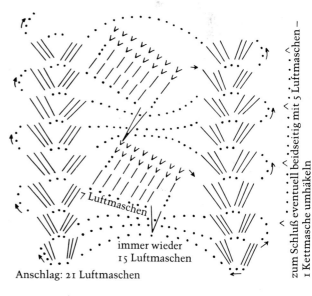

Anschlag: 21 Luftmaschen

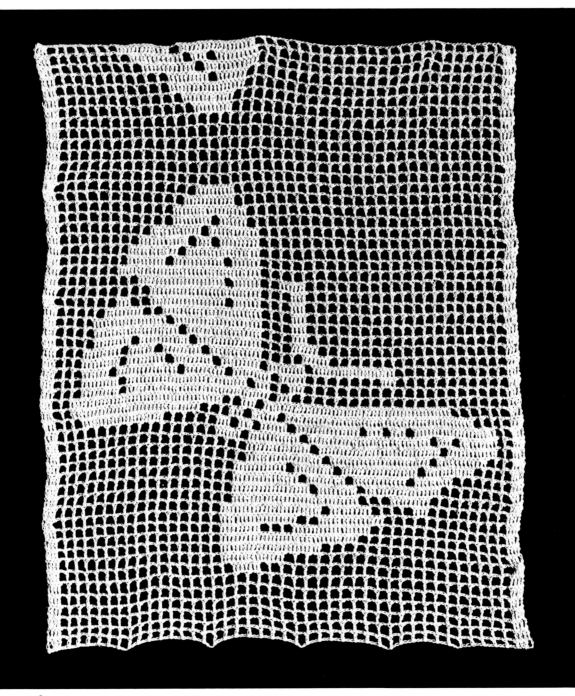

4 Schmetterling

Arbeitsanleitung zu Bild 4

Material: Anchor Glanzhäkelgarn 50/10 g
Breite der Spitze: 18 cm
Anschlag: 130 Luftmaschen

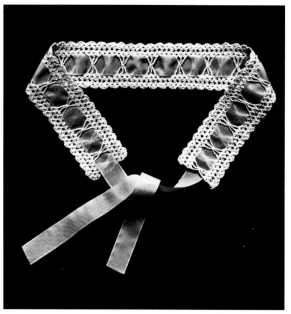

5 Spitze mit Band, wie sie in Großmutters Leinenschrank um einen Stoß Taschentücher gebunden wurde

Arbeitsanleitung zu Bild 5

Material: Anchor Glanzhäkelgarn 50/10 g
Länge: ca. 35 cm

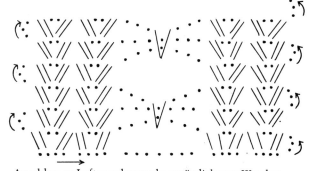

Anschlag: 23 Luftmaschen und 3 zusätzlich zum Wenden

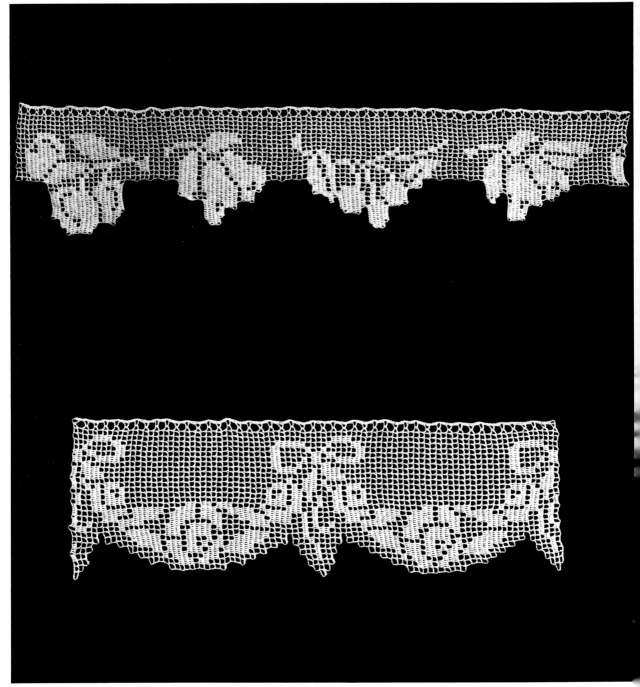

6 Schrankspitze mit Früchtemotiv   7 Schrankspitze mit Blumenmotiv

Anschlag: 50 Luftmaschen

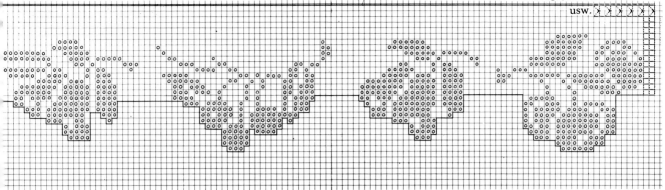

Arbeitsanleitung zu Bild 6

Material: Anchor Glanzhäkelgarn 50/10 g
Größe: 4 Motive sind 45 cm lang

Arbeitsanleitung zu Bild 7

Material: Anchor Glanzhäkelgarn 50/10 g
Maße: ein Motiv ist 18 cm lang

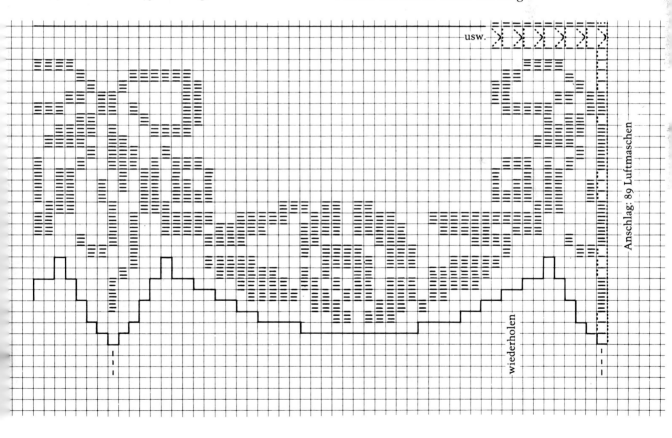

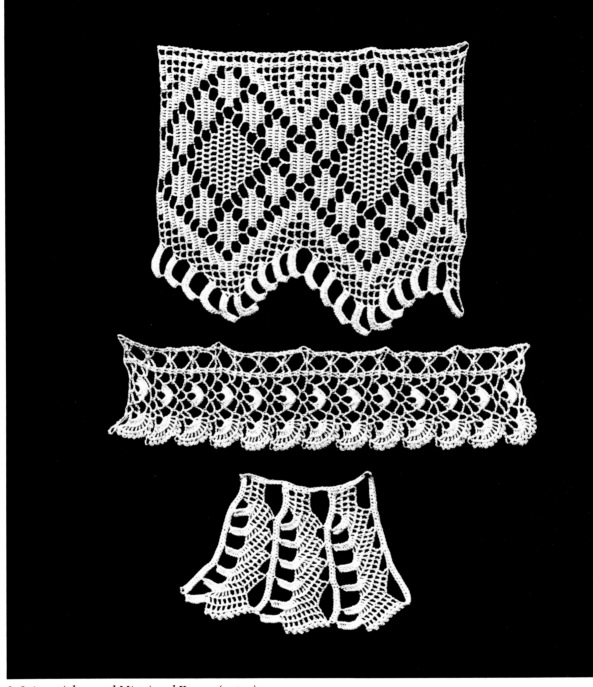

8 Spitzen (oben und Mitte) und Kragen (unten)

Arbeitsanleitung zu Bild 8 oben

Material: Anchor Glanzhäkelgarn 50/10 g
Breite der Spitze: 13,5 cm

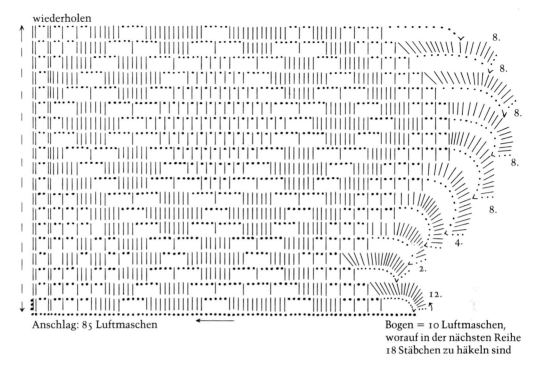

wiederholen

Anschlag: 85 Luftmaschen

Bogen = 10 Luftmaschen, worauf in der nächsten Reihe 18 Stäbchen zu häkeln sind

Arbeitsanleitung zu Bild 8 Mitte

Material: Anchor Glanzhäkelgarn 50/10 g
Breite der Spitze: 4,5 cm

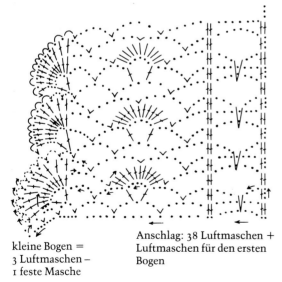

kleine Bogen = 3 Luftmaschen - 1 feste Masche

Anschlag: 38 Luftmaschen + Luftmaschen für den ersten Bogen

Arbeitsanleitung zu Bild 8 unten

Material: Anchor Glanzhäkelgarn 50/10 g
Breite: 7,5 cm

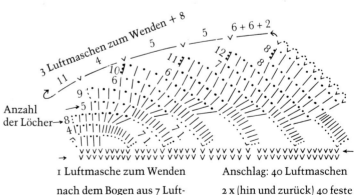

Anzahl der Löcher

1 Luftmasche zum Wenden

nach dem Bogen aus 7 Luftmaschen immer wieder zurück mit 12 Stäbchen

Anschlag: 40 Luftmaschen

2 x (hin und zurück) 40 feste Maschen

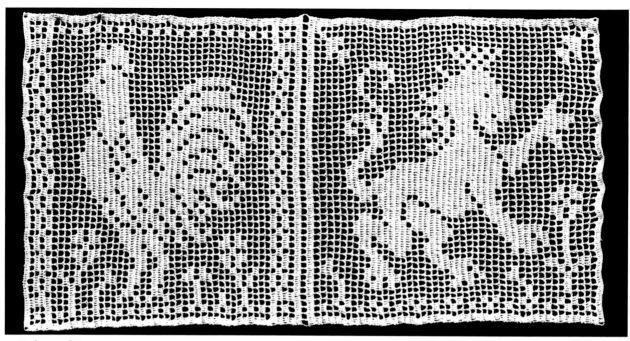

9 Hahn und Löwe

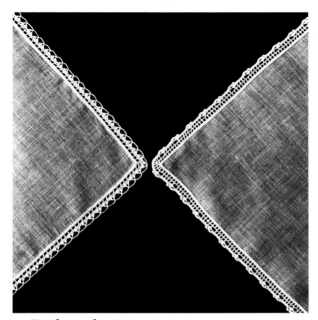

10 Taschentuchspitzen

Arbeitsanleitung zu Bild 10 links

Material: Batist, Anchor Spitzengarn

1. Kanten des Stoffes schmal einrollen, und mit festen Maschen umhäkeln.
2. 1 Stäbchen – 2 Luftmaschen usw. (immer wieder 2 feste Maschen überschlagen).
3. 3 Stäbchen – 3 Luftmaschen – 3 Stäbchen – 1 feste Masche.
4. 1 feste Masche auf dem Bogen aus drei Luftmaschen, 6 Luftmaschen.

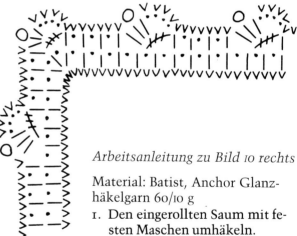

Arbeitsanleitung zu Bild 10 rechts

Material: Batist, Anchor Glanzhäkelgarn 60/10 g

1. Den eingerollten Saum mit festen Maschen umhäkeln.
2. 1 Stäbchen – 1 feste Masche (immer wieder 1 feste Masche der vorigen Runde überschlagen).
3. 4 x 1 Stäbchen – 1 Luftmasche, jedoch anstatt der letzten Luftmasche 1 Doppelstäbchen, dann 4 Luftmaschen – 3 Stäbchen um das Doppelstäbchen herumhäkeln.
4. Umhäkeln mit festen Maschen und einem Pikot auf den 3 Stäbchen.

◄ *Arbeitsanleitung zu Bild 9*

Material: Anchor Glanzhäkelgarn 50/10 g
Breite der Spitze: 17,5 cm
Anschlag: 142 Luftmaschen. Der Rand kann an beiden Seiten nach Belieben verlängert werden.

11 Taschentuchspitzen

Material zu allen vier Motiven

vorgefertigtes Taschentuch, in Handarbeitsgeschäften erhältlich
Anchor Spitzengarn

Arbeitsanleitung zu Bild 11 oben

Arbeitsanleitung zu Bild 11 rechts

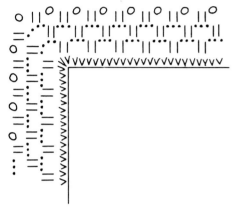

Arbeitsanleitung zu Bild 11 links

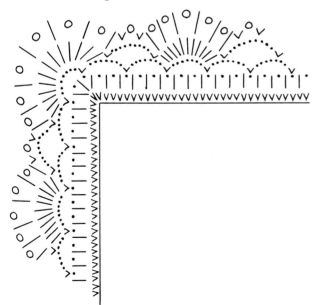

Arbeitsanleitung zu Bild 11 unten

1. Kanten des Stoffes schmal einrollen und umhäkeln mit festen Maschen.
2. 5 x ein Doppelstäbchen in dieselbe feste Masche einstechen und immer wieder 4 bis 5 feste Maschen überschlagen. Die Ecke bilden 6 Luftmaschen (siehe Muster).
3. 5 Doppelstäbchen auf die Doppelstäbchen der vorhergehenden Runde häkeln und auf einmal abmaschen, 6 Luftmaschen und dann die nächsten 5 Doppelstäbchen häkeln. Die Ecke bildet jeweils ein Bündel von 5 Doppelstäbchen, die auf den 6 Luftmaschen der vorhergehenden Runde zu häkeln sind (siehe Abb.).

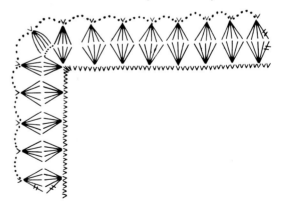

Häkeln mit Zickzackband

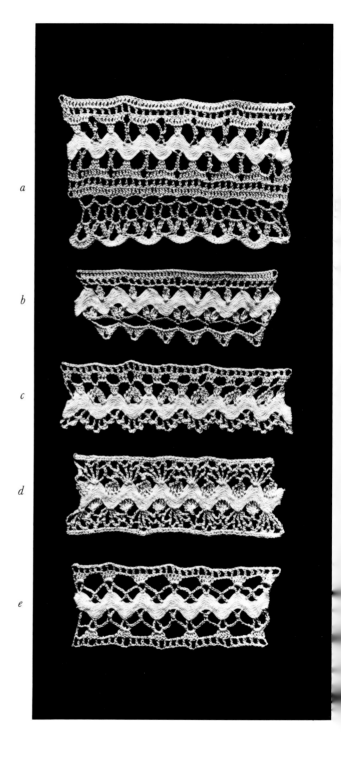

12 Schrankspitzen (a–c) und Spitzeneinsätze (d, e)

Material zu allen fünf Motiven: Anchor Glanzhäkelgarn 50/10 g, Zickzackband aus reiner Baumwolle verwenden, damit die Spitze heiß gewaschen werden kann.

Arbeitsanleitung zu Bild 12a

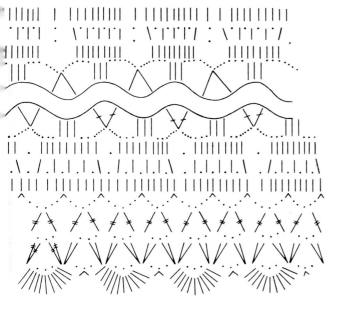

Arbeitsanleitung zu Bild 12c

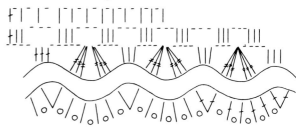

Arbeitsanleitung zu Bild 12d

erst entlang der einen Seite der Litze häkeln, dann an der anderen

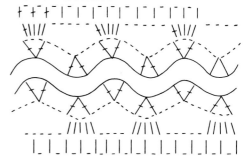

Arbeitsanleitung zu Bild 12b

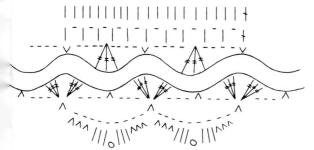

Arbeitsanleitung zu Bild 12e

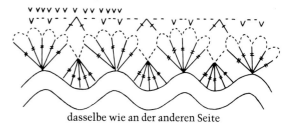

dasselbe wie an der anderen Seite

Filethäkelei

13 Scheibengardine mit Vogelmotiven

Arbeitsanleitung zu Bild 13

Material: Anchor Liana 10/50 g
Größe: Zwei Motive untereinander sind 43 cm hoch.

Filethäkelei wird von links nach rechts, also von oben nach unten gehäkelt. Für jede weitere Motivreihe 90 Luftmaschen zusätzlich anschlagen.

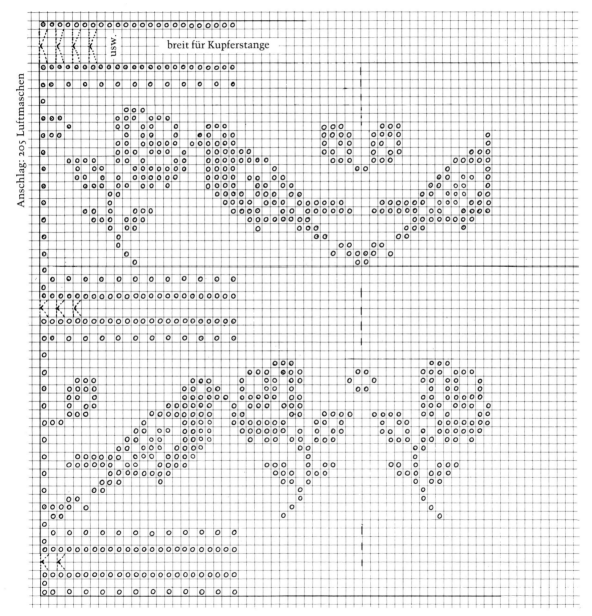

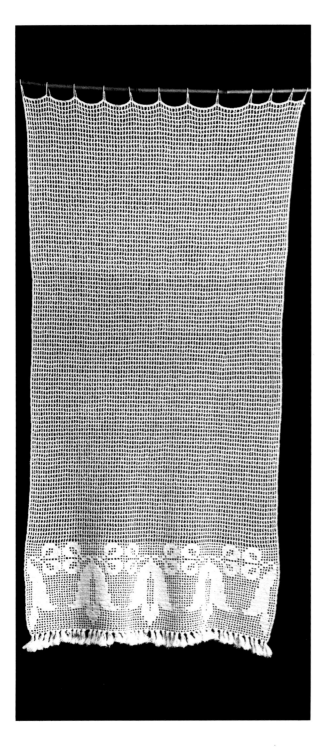

15 *Kleine Küchengardine*

◀ 14 *Scheibengardine zum Auf- und Zuschieben*

Arbeitsanleitung zu Bild 14

Material: Anchor Liana 10/50 g
Größe: 3 ganze und 2 halbe Glocken sind 67 cm breit.
Anschlag: 297 Luftmaschen. Nach dem Glockenmuster mit Doppelstäbchen weiterhäkeln bis zur gewünschten Länge. Am oberen Rand feste Maschen und Schlingen für die Stange häkeln.

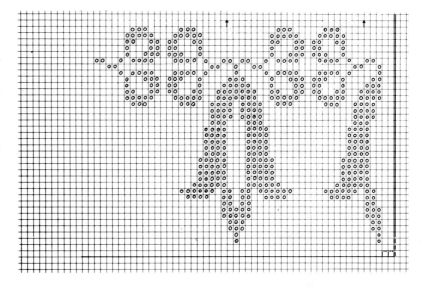

Arbeitsanleitung zu Bild 15

Material: Blau-Tulpe
Größe: 50 x 50 cm
Anschlag: 191 Luftmaschen für die Seite häkeln, es wird quer gearbeitet. Zunächst ungefähr 6 Reihen Kästchen häkeln bevor das Motiv beginnt. Nach dem Motiv sind wiederum 6 Reihen Kästchen zu häkeln. Die Gardine ist rundherum mit Pikots umhäkelt.

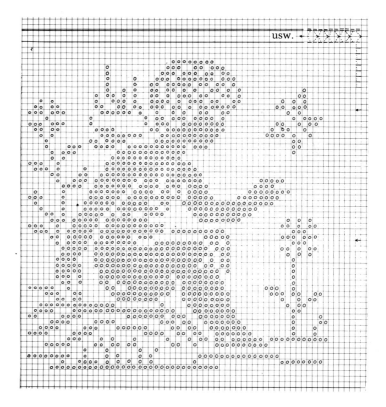

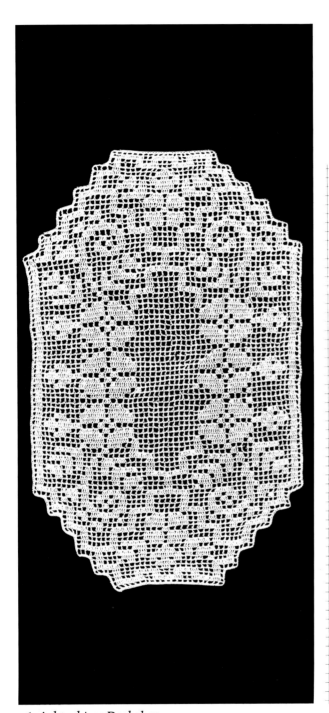

16 Achteckiges Deckchen

Arbeitsanleitung zu Bild 16

Material: Anchor Glanzhäkelgarn 50/10 g
Größe: 20 x 32 cm

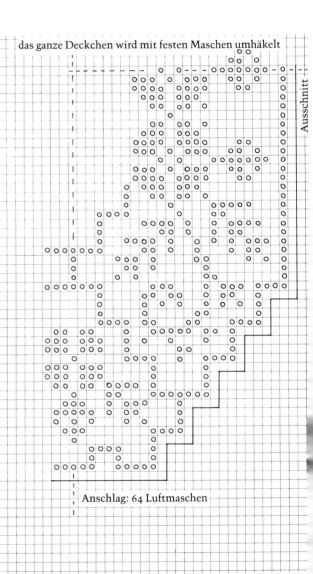

Arbeitsanleitung zu Bild 17

Material: Anchor Glanzhäkelgarn 50/10 g
Größe: 30 x 52 cm
Die Blätter über und unter der Rose sind nicht symmetrisch. Das Ganze wird mit festen Maschen umhäkelt.

17 Ovales Deckchen mit Rosenmotiv

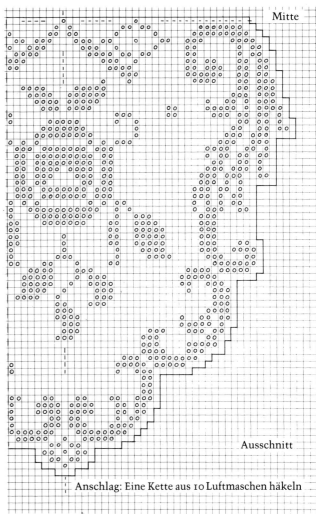

Mitte

Ausschnitt

Anschlag: Eine Kette aus 10 Luftmaschen häkeln

18 Runde Tischdecke

Arbeitsanleitung zu Bild 18

Material: Anchor Liana 10/50 g
Durchmesser: 122 cm

1. Rand (Arbeitsanleitung zu Bild 18) a und b.

Immer wieder 1 Doppelstäbchen – 3 Luftmaschen in jedes Loch, jedoch in die Ecklöcher ein einfaches Stäbchen häkeln. Nun noch 11 x eine Runde, bestehend aus 1 Doppelstäbchen – 3 Luftmaschen häkeln. In der 13. Runde ist sehr sorgfältig zu zählen: Abwechselnd 3 und 4 Luftmaschen, zunächst 5 x, mit einem extra Bogen aus 4 Luftmaschen, dann 4 x und wieder einen extra Bogen aus 4 Luftmaschen (siehe Zeichnung).

Die 14. Runde besteht aus: 1 einfachen Stäbchen – 2 Luftmaschen, immer wieder ein einfaches Stäbchen auf das Doppelstäbchen der vorigen Runde und ein einfaches Stäbchen in den Bogen aus 4 Luftmaschen. Die Bogen aus 3 Luftmaschen bestehend werden überschlagen. Insgesamt sind nun 720 Bogen entstanden, genau 24 x 30 u. z. für die 24 Zackenmotive des folgenden Randes, der wieder in normaler Filethäkelei zu arbeiten ist.

Rand 2 (Arbeitsanleitung zu Bild 18)

Der ganze Rand ist aus 1 Stäbchen – 2 Luftmaschen zu häkeln. Die Zacken einzeln herstellen. Die ganze Decke wird mit festen Maschen umhäkelt.

Arbeitsanleitung zu Bild 19

Material: Anchor Glanzhäkelgarn 30/10 g
Größe: 28 x 58 cm

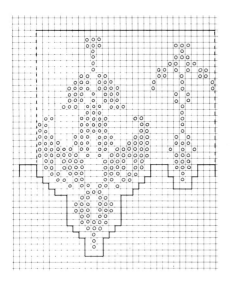

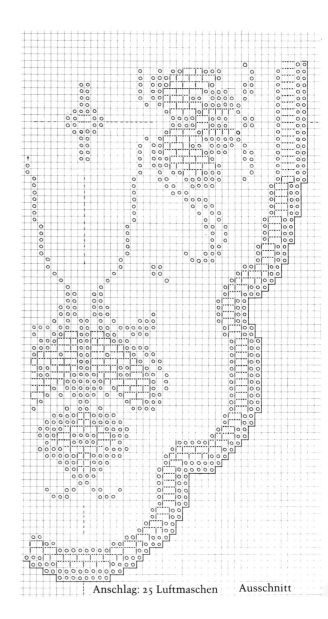

Anschlag: 25 Luftmaschen   Ausschnitt

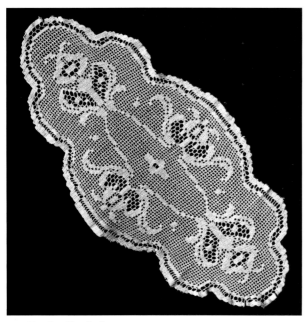

19 Ovales Deckchen

Arbeitsanleitung zu Bild 20

Material: Sonja
Größe 35 x 55 cm
Anschlag: Eine Kette aus 226 Luftmaschen
herstellen

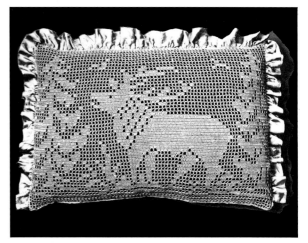

20 Sofakissen

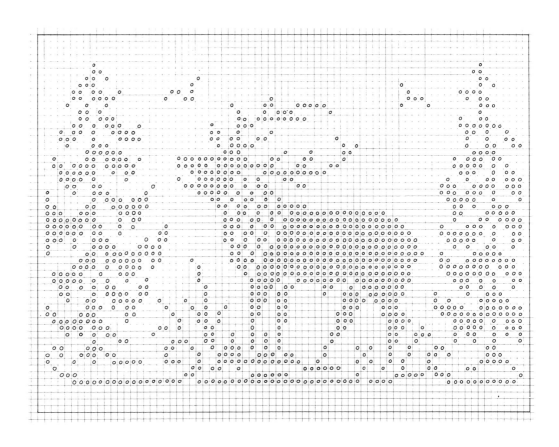

Kleine Motive

21 Untersetzer

Arbeitsanleitung zu Bild 21

Material: Anchor Glanzhäkelgarn 50/10 g
Durchmesser: 8 cm
Anschlag: 8 Luftmaschen zu einem Ring schließen, darauf 12 x 1 Stäbchen – 1 Luftmasche häkeln.

22 *Weihnachtlicher Tischläufer*

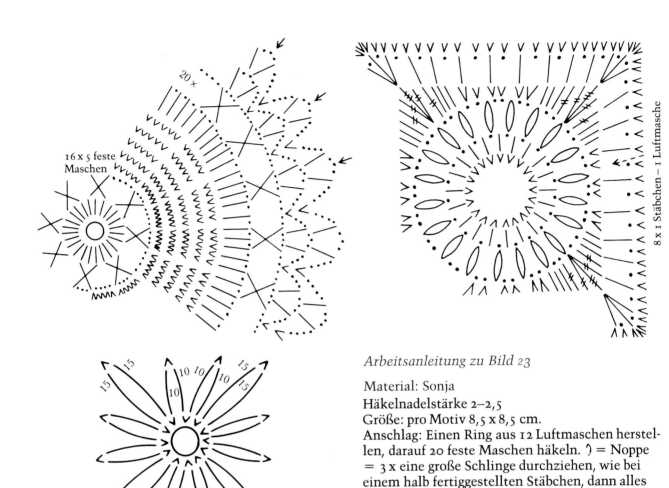

Arbeitsanleitung zu Bild 23

Material: Sonja
Häkelnadelstärke 2–2,5
Größe: pro Motiv 8,5 x 8,5 cm.
Anschlag: Einen Ring aus 12 Luftmaschen herstellen, darauf 20 feste Maschen häkeln.) = Noppe = 3 x eine große Schlinge durchziehen, wie bei einem halb fertiggestellten Stäbchen, dann alles zusammen abmaschen.

Arbeitsanleitung zu Bild 22

Material: Anchor Liana 10/50 g
Durchmesser: je Motiv 11 cm
Die runden Motive werden an den Zacken miteinander verbunden: Immer wieder drei Zacken aneinanderhäkeln und drei Zacken überschlagen. Anstatt 3 Luftmaschen sind 1 Luftmasche – 1 feste Masche an das andere Motiv – 1 Luftmasche zu häkeln.
Anschlag: Ring aus 10 Luftmaschen herstellen, darauf 24 Stäbchen häkeln.

23 Sofakissen

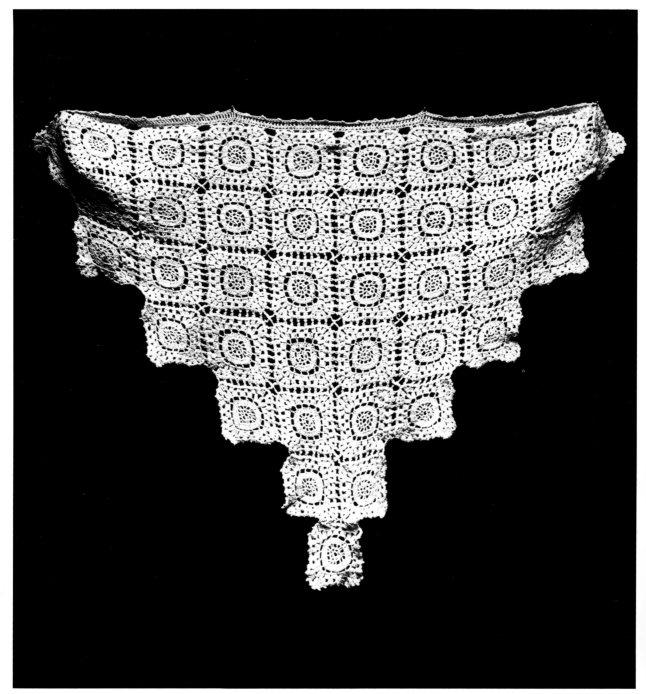

24 Schutzdecke für die Rückenlehne eines Sofas

Arbeitsanleitung zu Bild 24

Material: Anchor Glanzhäkelgarn 20/10 g
Größe: pro Motiv 6,5 x 6,5 cm; insgesamt 39 Vierecke.

a. Anschlag: Ring aus 8 Luftmaschen, darauf 7 x 1 Stäbchen – 1 Luftmasche.
In der 2. Runde: 1 x 1 Stäbchen – 2 Luftmaschen, weiterhin immer wieder 2 Stäbchen – 2 Luftmaschen.

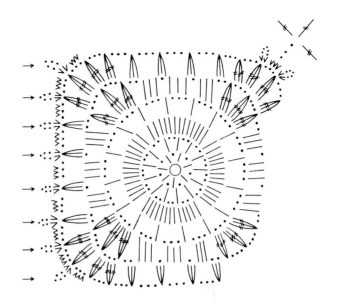

aneinander häkeln

b. Zwischen den Ecken wird eine separate Befestigung gehäkelt. Mit 4 Luftmaschen beginnen, danach 3 x 1 Doppelstäbchen jeweils zur anderen Ecke, abketten.

c. Die beiden Quadrate an jeder Ecke werden quer angesetzt, um eine Rundung für die Rücklehne des Sessels zu erhalten.

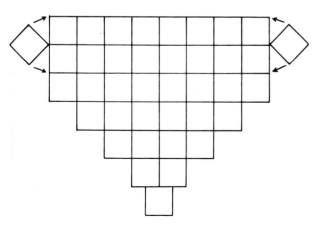

d. Am oberen Rand wird eine separate Abschlußkante gehäkelt: 1 feste Masche in einem Bogen, 2 Luftmaschen, usw., beim Übergang von einem Viereck zum anderen sind jedoch 4 Luftmaschen zu häkeln. Wenden und zurückhäkeln mit Stäbchen, danach zurückhäkeln mit Doppelstäbchen. In der letzten Reihe jeweils 5 feste Maschen – 5 Luftmaschen oder ein Pikot häkeln.

Spiralenmotive

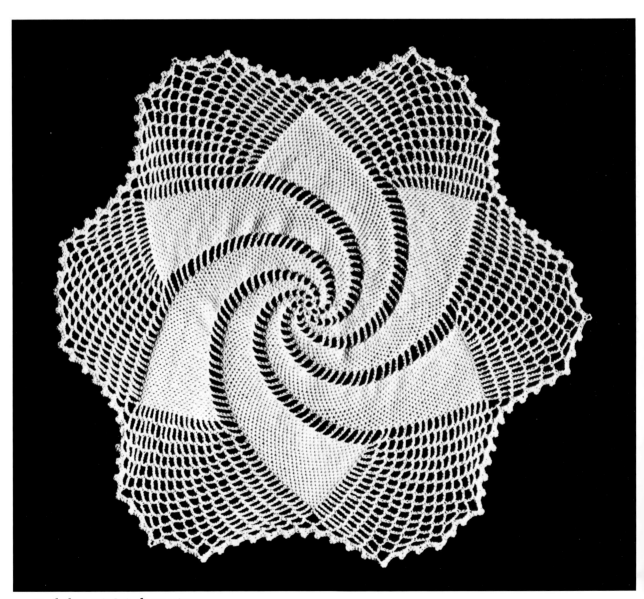

25 Deckchen mit Spiralenmotiv

Arbeitsanleitung zu Bild 25

Material: Anchor Glanzhäkelgarn 50/10 g
Durchmesser: 23 cm

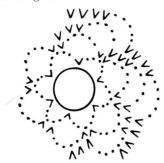

Anschlag: Einen Ring aus 10 Luftmaschen häkeln, darauf
1. 6 x (5 Luftmaschen – 1 feste Masche).
2. 5 Luftmaschen – 2 feste Maschen auf die Bogen der vorherigen Runde.
3. 5 Luftmaschen – 3 feste Maschen (2 feste Maschen auf den Bogen, 1 feste Masche auf die feste Masche der vorherigen Runde).
4. 5 Luftmaschen – 4 feste Maschen (2 vor und zwei auf den festen Maschen).
5. 5 Luftmaschen – 5 feste Maschen.
6. 6 Luftmaschen – 6 feste Maschen.
7. 6 Luftmaschen – 7 feste Maschen, usw. bis daß 7 Luftmaschen – 33 feste Maschen erreicht sind. Nun in den folgenden Runden bei den festen Maschen an beiden Seiten eine feste Masche weniger häkeln, bis daß die Spitze mit einer festen Masche erreicht ist. Die Bogen dazwischen bestehen immer wieder aus 5 Luftmaschen – 1 festen Masche. In der vorletzten Runde nur Bogen, bestehend aus 5 Luftmaschen – 1 festen Masche, häkeln. In der letzten Runde um jeden Bogen 2 feste Maschen – 1 Pikot – 2 feste Maschen häkeln.

26 Spiralenmotiv

Arbeitsanleitung zu Bild 26

Material: Anchor Glanzhäkelgarn 50/10 g

Anschlag: Einen Ring aus 10 Luftmaschen häkeln, darauf 20 feste Maschen häkeln.

1. Runde: 4 x 8 Luftmaschen – 1 feste Masche.
2. Runde: 4 x 7 Luftmaschen – 4 feste Maschen auf den Bogen der vorigen Runde.
3. Runde: 4 x 7 Luftmaschen – 4 feste Maschen auf die Bogen der vorigen Runde und zusätzlich 2 feste Maschen auf die ersten zwei festen Maschen der vorherigen Runde. In den folgenden Runden so weiterhäkeln, immer wieder 4 feste Maschen auf

27 Deckchen mit Spiralenmotiven

Anschlag: Einen Ring aus 10 Luftmaschen herstellen, darauf 16 feste Maschen häkeln.
1. Runde: 4 x (6 Luftmaschen – 1 feste Masche).
2. Runde: 5 Luftmaschen – 4 feste Maschen auf die Bogen der vorhergehenden Runde.
3. Runde: 5 Luftmaschen – 7 feste Maschen (4 um die Bogen der vorhergehenden Runde, 3 auf die ersten drei festen Maschen).
4.–9. Runde: Immer wieder 2 feste Maschen mehr häkeln (3 um den Bogen und am Ende 1 feste Masche weniger auf den festen Maschen) bis 19 feste Maschen entstanden sind.
10. Runde: 7 Luftmaschen und immer wieder sowohl die erste als auch die letzte feste Masche überschlagen.
11.–14. Runde: Von nun an alle Bogen aus 5 Luftmaschen häkeln. An beiden Seiten um eine feste Masche abnehmen (15–13–11–9), jedoch dazwischen einen Bogen zunehmen.
15.–17. Runde: Nun in den vier Ecken der folgenden Runden anstatt der 5 Luftmaschen häkeln: 3 Stäbchen – 3 Luftmaschen – 3 Stäbchen.
18. Runde: In der 18. Runde würde man im Motiv eine feste Masche erreicht haben. Dann sind anstatt der 5 Luftmaschen – 1 feste Masche – 5 Luftmaschen zu häkeln: 3 Luftmaschen – 1 Doppelstäbchen – 1 Luftmasche – 1 Doppelstäbchen – 3 Luftmaschen.

Letzte Runde: siehe Zeichnung.

○○/○ = 3 Pikots, die durch die vorhergehende und folgende feste Masche rund fallen.

Die Verbindung der Motive geschieht wie folgt: Der Pikot in der Mitte fällt weg, dafür sind 1 Luftmasche – 1 feste Masche (am gegenüberliegenden Pikot) – 1 Luftmasche zu häkeln.

den Bogen häkeln und am Ende 2 feste Maschen weniger auf den festen Maschen häkeln, so lange, bis 28 feste Maschen entstanden sind.
In den folgenden Runden an beiden Seiten immer wieder 1 feste Masche weniger häkeln, bis daß von 28–26–24 usw. noch 2 feste Maschen übriggeblieben sind (dabei sind jedoch die 6 festen Maschen zu überschlagen, d. h. man geht von 8 festen Maschen direkt auf 4 feste Maschen über). Gleichzeitig immer wieder einen Bogen aus 7 Luftmaschen mehr häkeln. Für die letzte Runde siehe nebenstehende Zeichnung.

Arbeitsanleitung zu Bild 27

Material: Anchor Glanzhäkelgarn 50/10 g
Größe: 9 Motive in nebenstehender Anordnung ergeben 30 x 30 cm

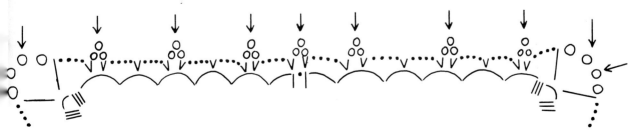

28 Bettdecke

Arbeitsanleitung zu Bild 28

Material: Blau-Tulpe
Größe: pro Motiv 21 x 21 cm; insgesamt 8 x 9 Motive = zusammengesetzt 72 Stück.
Anschlag: Einen Ring aus 10 Luftmaschen herstellen, darauf 4 x 6 Luftmaschen – 1 feste Masche häkeln.
1. Runde: Mit 5 Luftmaschen beginnen, dann 3 feste Maschen so weit wie möglich nach links auf den Bogen aus 6 Luftmaschen der vorherigen Runde häkeln.
2. Runde: Wieder mit 5 Luftmaschen – 5 festen Maschen beginnen, 3 feste Maschen auf den Boden aus fünf Luftmaschen der vorhergehenden Runde und 2 feste Maschen auf die ersten 2 festen Maschen, so daß die letzte feste Masche der vorhergehenden Runde übrigbleibt. Dies noch 9 x wiederholen, rechts 3 feste Maschen auf dem Bogen zunehmen, links eine feste Masche weniger auf den festen Maschen häkeln, bis insgesamt 23 feste Maschen erreicht wurden. Nun wird in den folgenden 5 Runden, sowohl links als auch rechts jeweils eine feste Masche weniger gehäkelt, bis insgesamt noch 13 feste Maschen übriggeblieben sind. Gleichzeitig immer wieder 1 Bogen aus 5 Luftmaschen zunehmen. Danach nochmals während 2 Runden an beiden Seiten 2 feste Maschen mindern, bis 5 feste Maschen übrigbleiben. Den Eckbogen und die letzte Runde lt. nebenstehender Zeichnung anfertigen.

Ecke

O O
 O = 3 Pikots, die durch die vorhergehende und folgende feste Masche rund fallen.

Die Verbindung der einzelnen Motive geschieht wie folgt: Der Pikot in der Mitte fällt weg, dafür sind 1 Luftmasche – 1 feste Masche (am Pikot des festzuhäkelnden Motivs) – 1 Luftmasche zu häkeln.

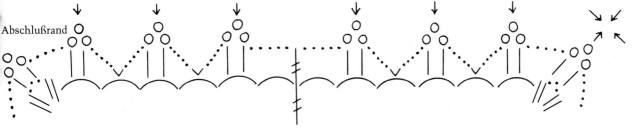
Abschlußrand

29 Bettdecke

Arbeitsanleitung zu Bild 29

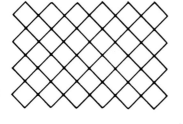

Material: Blau-Tulpe
Größe: pro Motiv 31 x 31 cm; insgesamt 39 Motive diagonal zusammengesetzt.

Anschlag: Einen Ring aus 10 Luftmaschen herstellen, darauf 4 x 6 Luftmaschen – 1 feste Masche.
1. Runde: mit 5 Luftmaschen und 3 festen Maschen beginnen, diese so weit wie möglich nach links auf den Bogen aus 6 Luftmaschen häkeln.
2. Runde: Wieder mit 5 Luftmaschen und 5 festen Maschen beginnen, 3 feste Maschen vor den 3 festen Maschen der vorherigen Runde, dann 2 feste Maschen auf die ersten 2 festen Maschen der vorhergehenden Runde.
So weiterarbeiten, d. h. in jeder folgenden Runde 3 feste Maschen mehr rechts auf den Bogen der vorhergehenden Runde häkeln und links jeweils eine feste Masche weniger häkeln, bis 27 feste Maschen erreicht wurden.
In jeder folgenden Runde an beiden Seiten jeweils 1 feste Masche mindern, bis 5 feste Maschen übriggeblieben sind. Bei der ersten Minderung, wenn 25 feste Maschen zu häkeln sind, zusätzlich 1 Bogen aus 6 Luftmaschen dazwischen häkeln. Danach bei jeder folgenden Runde einen Bogen aus 5 Luftmaschen mehr häkeln. Wenn 5 Bogen zugenommen wurden, in der nächsten Runde den Eckbogen bilden, wie in der nebenstehenden Zeichnung angegeben ist. In der letzten Runde, die nur aus Bogen besteht, ist die Ecke anders zu häkeln (siehe Zeichnung), und auf die 5 restlichen festen Maschen der Spirale (in der Mitte jeder Seite) ist ein Doppelstäbchen zu häkeln (siehe Randmuster). Für den übrigen Rand, siehe ebenfalls Randmuster (unten).

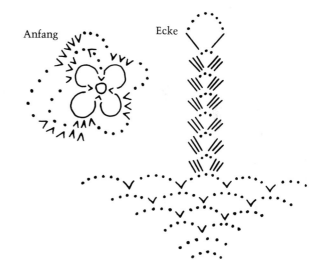

55

Deckchen

30 Deckchen mit Dreiecksmotiven im Rand

Arbeitsanleitung zu Bild 30

Material: Anchor Glanzhäkelgarn 30/10 g
Durchmesser: 19 cm
Anschlag: Einen Ring aus 8 Luftmaschen herstellen, darauf 16 einfache Stäbchen häkeln.

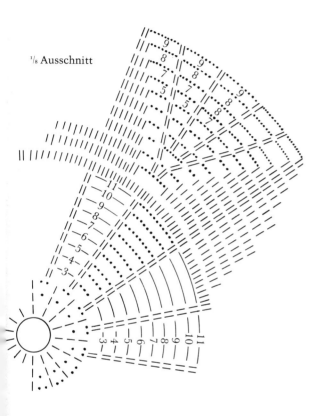

¹/₈ Ausschnitt

31 Viereckiges Deckchen zum Unterlegen unter eine silberne Zuckerschale und Sahnekännchen

Arbeitsanleitung zu Bild 31

Material: Anchor Glanzhäkelgarn 50/10 g
Größe: 11 x 11 cm
Anschlag: Einen Ring aus 10 Luftmaschen, darauf 24 einfache Stäbchen häkeln. In der nächsten Runde: 4 x (7 Luftmaschen – 1 feste Masche). Dann 4 x (2 halbe Stäbchen – 8 einfache Stäbchen – 2 halbe Stäbchen) um jeden der vier Bogen.

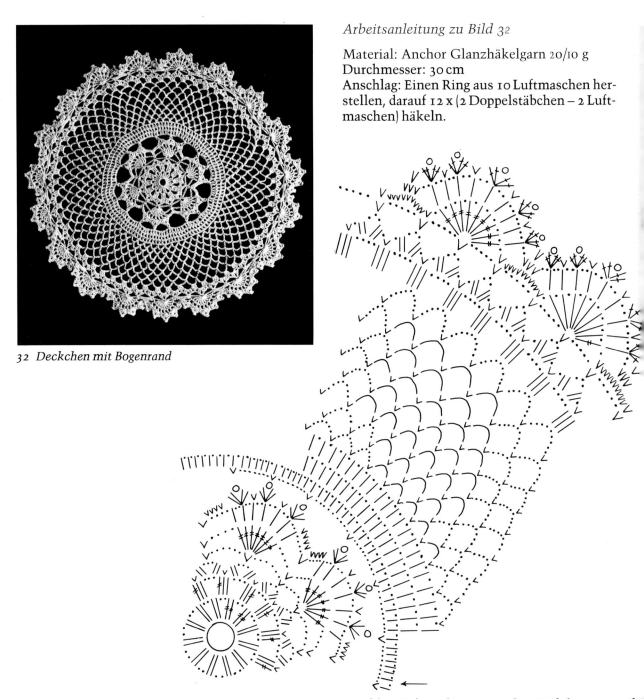

32 Deckchen mit Bogenrand

Arbeitsanleitung zu Bild 32

Material: Anchor Glanzhäkelgarn 20/10 g
Durchmesser: 30 cm
Anschlag: Einen Ring aus 10 Luftmaschen herstellen, darauf 12 x (2 Doppelstäbchen – 2 Luftmaschen) häkeln.

auf den 9 Luftmaschen – 2 x 5 und 1 x 6 Stäbchen mit jeweils einer Luftmasche dazwischen häkeln

Arbeitsanleitung zu Bild 33

Material: Anchor Glanzhäkelgarn 50/10 g
Durchmesser: 18 cm
Anschlag: Einen Ring aus 15 Luftmaschen herstellen, darauf 35 Doppelstäbchen häkeln.

33 Deckchen mit Blätterrand

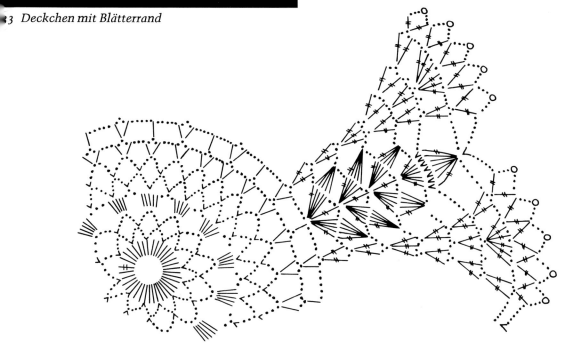

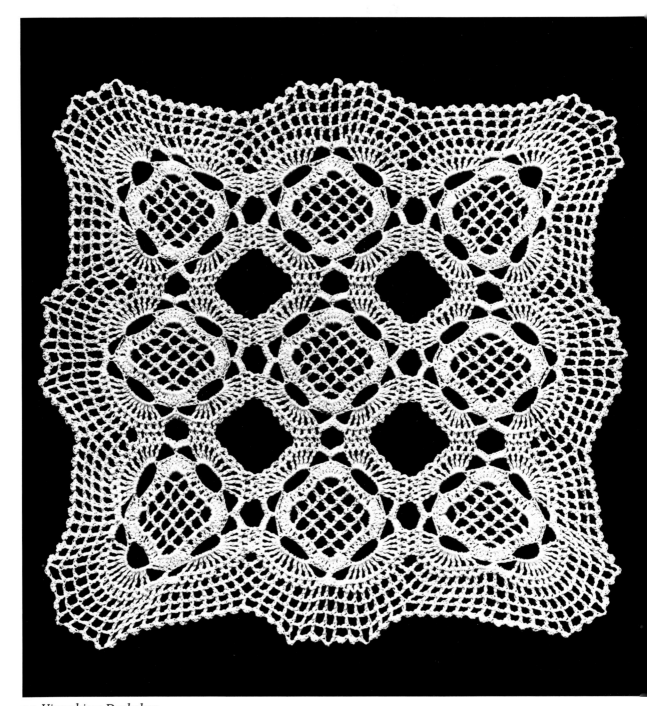

34 Viereckiges Deckchen

Arbeitsanleitung zu Bild 34

Material: Anchor Glanzhäkelgarn 50/10 g
Größe: 20 x 20 cm (kann aus 4, 9, 16 usw. Motiven bestehen.
Anschlag: 16 Luftmaschen. Jedes Viereck wird zunächst in Filethäkelei gearbeitet.
Der äußere Rand des Deckchens besteht aus drei Runden. Auf jeden Bogen sind hierfür 1 Stäbchen – 2 Luftmaschen zu häkeln und auf das Stück bestehend aus 8 festen Maschen sind jeweils 3 x 1 Stäbchen – 2 Luftmaschen zu häkeln.
In der letzten Runde ist rundherum zu häkeln: 1 einfaches Stäbchen – 1 Pikot.

vorhergehendes Motiv jeweils an 4 Bogen verbinden; anstatt 3 Luftmaschen: 1 Luftmasche – 1 feste Masche (am vorhergehenden Motiv) – 1 Luftmasche häkeln

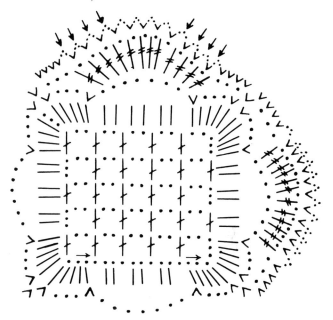

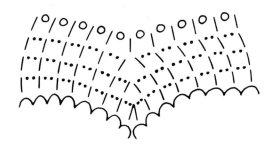

Arbeitsanleitung zu Bild 35

Material: Anchor Glanzhäkelgarn 50/10 g
Durchmesser: 16 cm

Anschlag: Einen Ring aus 8 Luftmaschen herstellen. Die Rosenblätter sind mit einem halben Stäbchen zu beginnen und abzuschließen. Die festen Maschen der Bogen hinter den Rosenblättern einstechen.

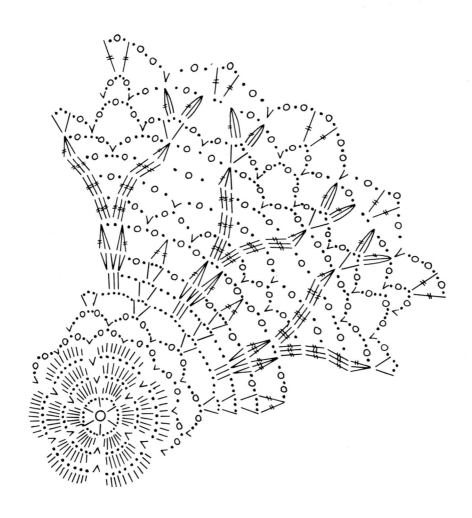

35 Deckchen mit aufliegender Rose

36 Deckchen mit Bogenrand

Arbeitsanleitung zu Bild 36

Material: Anchor Glanzhäkelgarn 50/10 g
Durchmesser: 33 cm
Anschlag: Einen Ring aus 20 Luftmaschen herstellen, darauf 45 Doppelstäbchen häkeln. Für das Deckchen ist nebenstehende Häkelschrift 9 x, ganz in Doppelstäbchen, auszuführen.

zuerst eine feste Masche, dann 5 Luftmaschen zur gegenüberliegenden Seite, danach 1 Doppelstäbchen häkeln in der zuerst gehäkelten festen Masche, dann eine feste Masche auf der gegenüberliegenden Seite

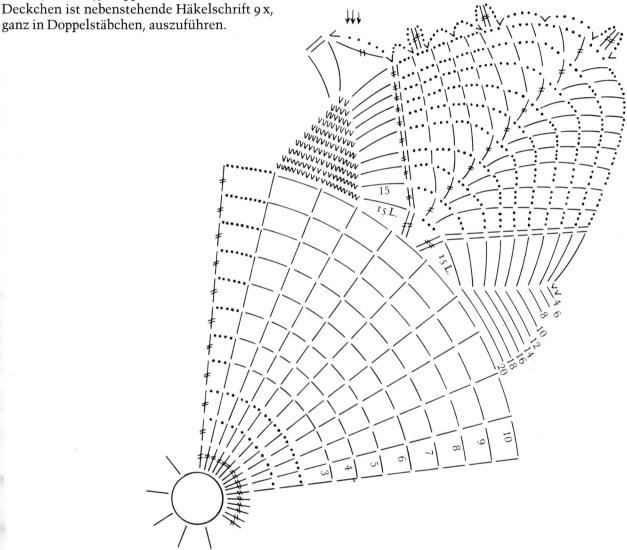

Arbeitsanleitung zu Bild 37

Material: Anchor Glanzhäkelgarn 50/10 g
Durchmesser: 23 cm
Anschlag: Einen Ring aus 12 Luftmaschen herstellen, darauf sind 21 Stäbchen zu häkeln. Ein Bogen ist 1/7 des Deckchens. Das fertige Deckchen wird umhäkelt mit 1 festen Masche – 1 Pikot.

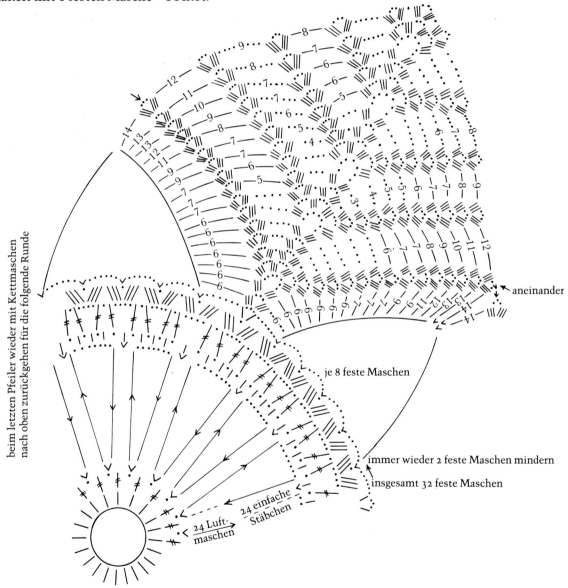

37 Deckchen mit Bogenrand

38 Deckchen mit Pastillenmotiv

Arbeitsanleitung zu Bild 38
(⅛ Ausschnitt)

Material: Anchor Liana
20/50 g
Durchmesser: 38 cm
Anschlag: Einen Ring aus
12 Luftmaschen herstellen,
darauf 24 Stäbchen häkeln.

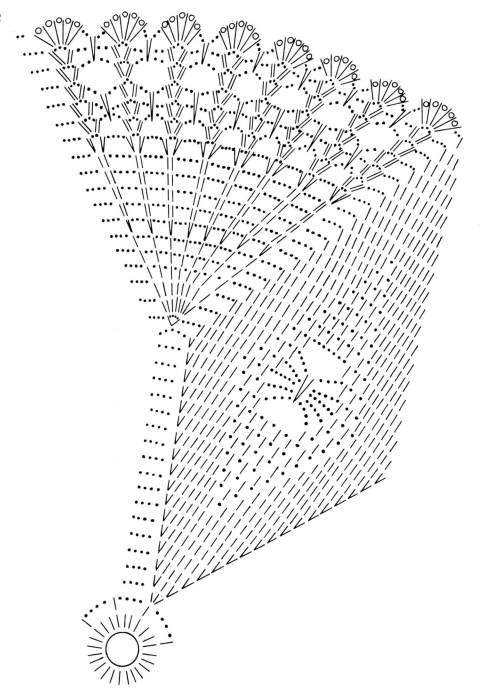

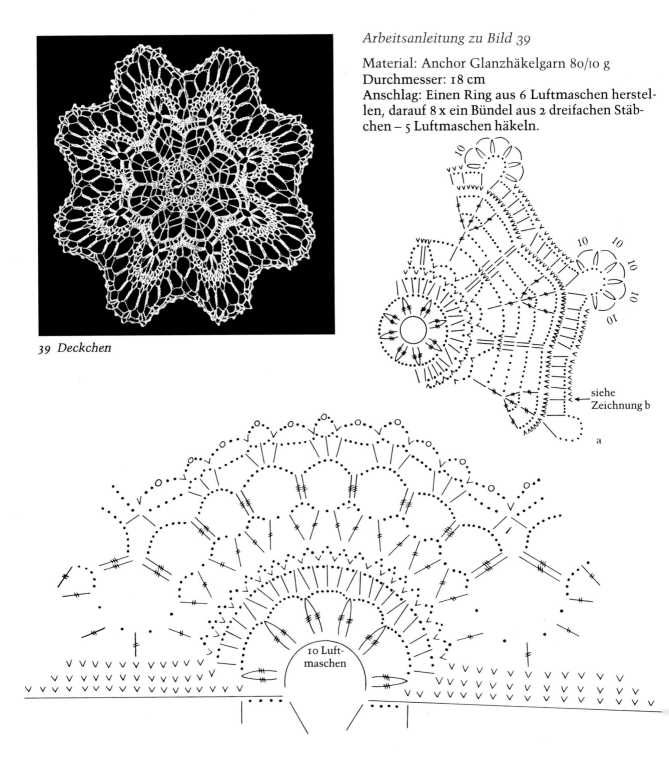

Arbeitsanleitung zu Bild 39

Material: Anchor Glanzhäkelgarn 80/10 g
Durchmesser: 18 cm
Anschlag: Einen Ring aus 6 Luftmaschen herstellen, darauf 8 x ein Bündel aus 2 dreifachen Stäbchen – 5 Luftmaschen häkeln.

39 Deckchen

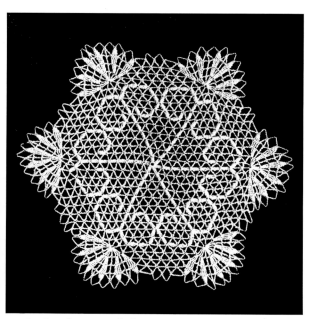

40 Sechseckiges Deckchen

Arbeitsanleitung zu Bild 40

Material: Anchor Glanzhäkelgarn 50/10 g
Durchmesser: 21 cm
Anschlag: Einen Ring aus 6 Luftmaschen herstellen, darauf 6 x ein Bündel aus 3 Doppelstäbchen – 4 Luftmaschen häkeln. Der Beginn jeder Runde ist in Luftmaschen angegeben. Das ganze Deckchen ist in Doppelstäbchen auszuführen.

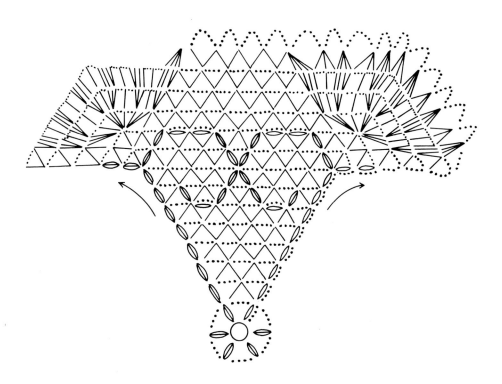

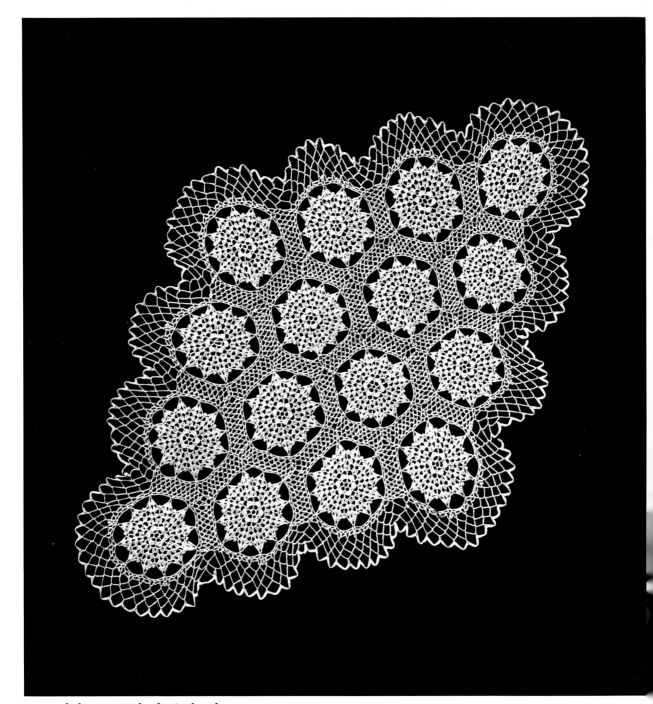

41 Deckchen aus sechzehn Sechsecken

Arbeitsanleitung zu Bild 41

Material: Anchor Glanzhäkelgarn 50/10 g
Größe: 38 x 57 cm, Durchmesser pro Motiv 7,5 cm
Anschlag: Einen Ring aus 10 Luftmaschen herstellen, darauf 6 x (1 Stäbchen – 3 Luftmaschen) häkeln. In der folgenden Runde jeweils ein halbes Stäbchen – 4 einfache Stäbchen – 1 halbes Stäbchen häkeln.

Die Sechsecke werden aneinandergehäkelt mit 2 Luftmaschen – 1 festen Masche – 2 Luftmaschen – 1 festen Masche. Wenn alle Sechsecke in der gewünschten Form miteinander verbunden sind, wird das Ganze wie folgt umhäkelt (dabei für die feste Masche immer wieder einen Bogen überschlagen):

1. 9 Luftmaschen – 1 feste Masche.
2. 10 Luftmaschen – 1 feste Masche.
3. 11 Luftmaschen – 1 feste Masche.
4. 11 Luftmaschen – 1 feste Masche.
5. Jeweils 5 feste Maschen in jeden Bogen häkeln.

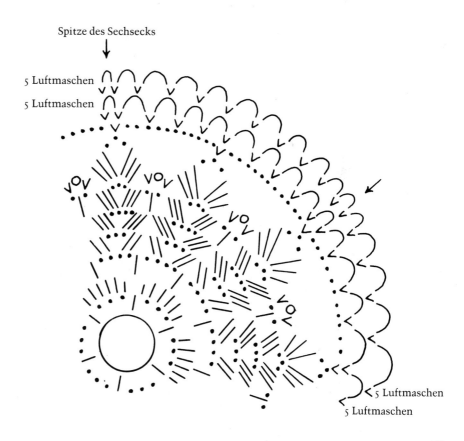

42 Runde Decke

Arbeitsanleitung zu Bild 42

Material: Anchor Glanzhäkelgarn 30/10 g
Durchmesser: 68 cm
Anschlag: Einen Ring aus 12 Luftmaschen herstellen, darauf 24 feste Maschen häkeln. Das Deckchen ist weiterhin ganz in Doppelstäbchen auszuführen.

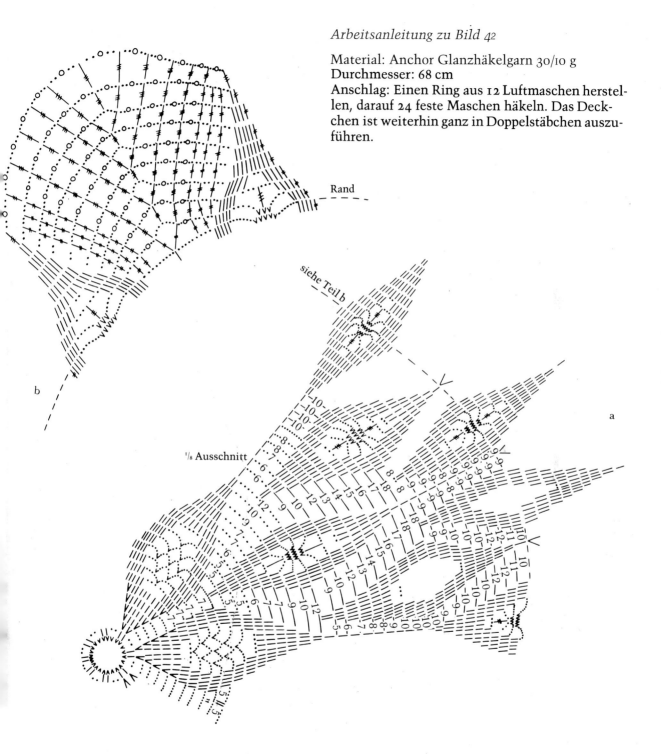

43 Längliches Deckchen mit Blattwerk

Arbeitsanleitung zu Bild 43

Material: Anchor Glanzhäkelgarn 50/10 g
Größe: 24 x 15,5 cm
Anschlag: Einen Ring aus 10 Luftmaschen herstellen. Der Beginn einer jeden Runde ist mit 4 Luftmaschen angegeben. (Das ganze Deckchen ist in Doppelstäbchen zu häkeln.) Das Mittelstück wird rund gehäkelt. Die Spitzen nach links und rechts werden in hin- und hergehenden Reihen gehäkelt. Zum Schluß das Deckchen 3 x umhäkeln, 2 x im Muster (Doppelstäbchen – 4 Luftmaschen).

zunehmen: Auf ein Stäbchen 3 Doppelstäbchen häkeln
abnehmen: 3 Doppelstäbchen an einem Punkt zusammenkommen lassen

für die letzte Runde

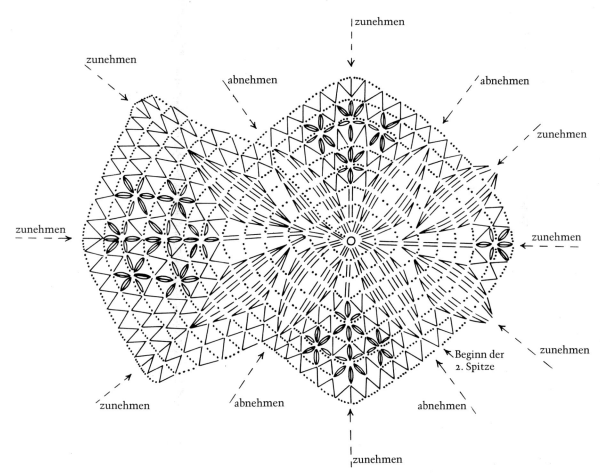

Arbeitsanleitung zu Bild 44

Material: Anchor Glanzhäkelgarn 50/10 g
Größe: 37 x 25 cm
Das ganze Deckchen ist in Doppelstäbchen zu häkeln.
Anschlag: Einen Ring aus 6 Luftmaschen herstellen, darauf 6 x 1 Doppelstäbchen – 4 Luftmaschen. Jetzt noch 10 Runden (wird sechseckig). Dann 7 Reihen hin und her häkeln. An der gegenüberliegenden Seite für die 7 Reihen einen neuen Anfang machen. Danach 7 Runden häkeln.
In der ersten Runde nur auf den äußersten Ecken 3 Doppelstäbchen mit ihrem Einstich zusammenfallen lassen. Auf den anderen Ecken 2 Doppelstäbchen häkeln. (Diese sind in der Zeichnung dick gedruckt.)

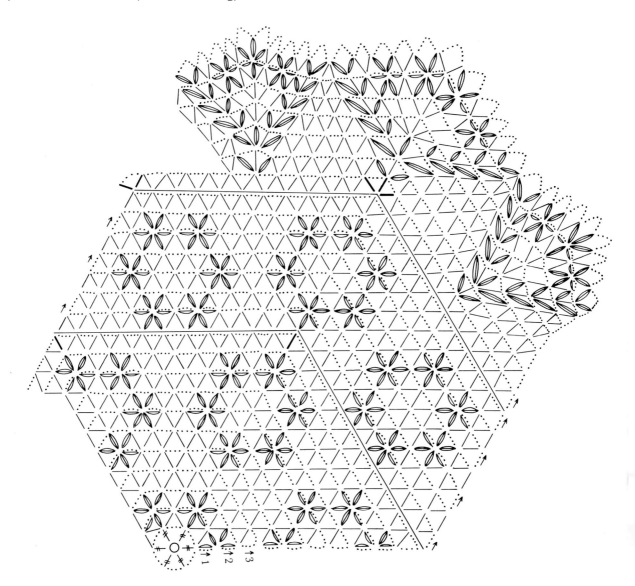

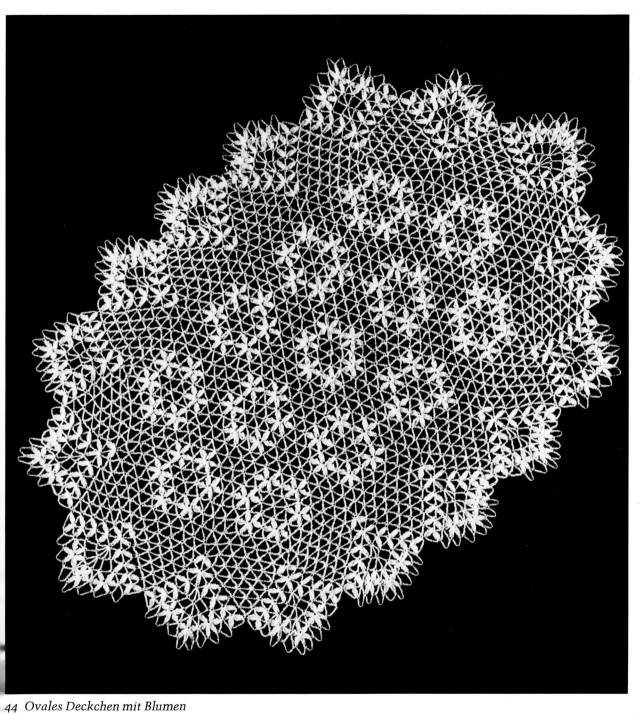
44 Ovales Deckchen mit Blumen

45 Deckchen mit Blattmotiven

Arbeitsanleitung zu Bild 45

Material: Anchor Glanz-
häkelgarn 50/10 g
Durchmesser: 48 cm

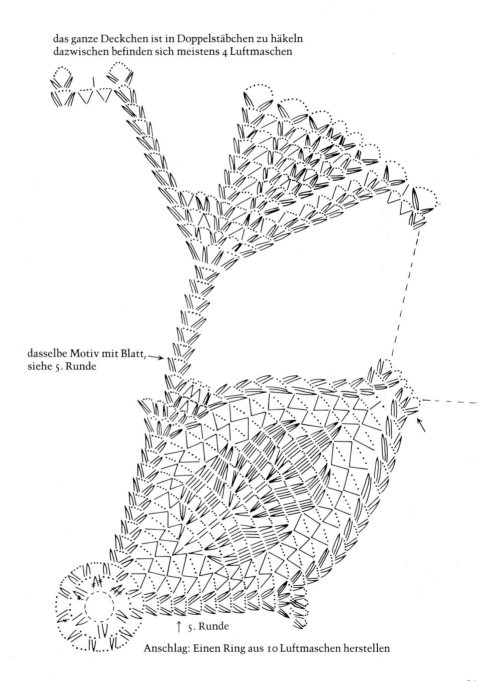

das ganze Deckchen ist in Doppelstäbchen zu häkeln
dazwischen befinden sich meistens 4 Luftmaschen

dasselbe Motiv mit Blatt,
siehe 5. Runde

↑ 5. Runde

Anschlag: Einen Ring aus 10 Luftmaschen herstellen

46 Decke mit Rand aus Dreiecksmotiven

*Arbeitsanleitung
zu Bild 46*

Material: Anchor Liana
15/50 g
Größe: 34 x 40 cm

a. Teil des Mittelstücks
usw.
↑ 3 x dieses Stück

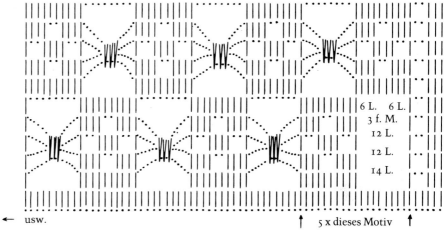

6 L. 6 L.
3 f. M.
12 L.
12 L.
14 L.

← usw.

↑ 5 x dieses Motiv ↑

Anschlag: 101 Luftmaschen

b. Rand

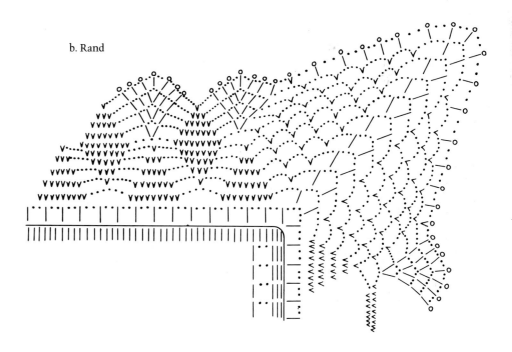

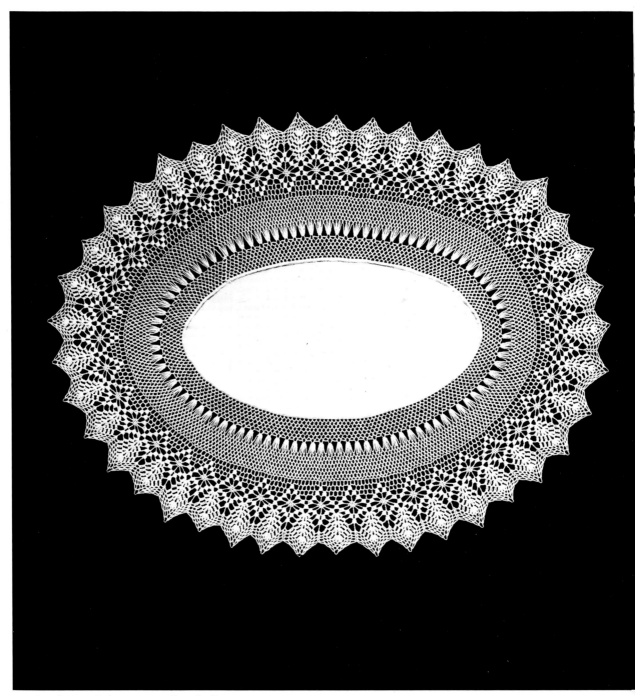

47 Ovales Deckchen mit Stoffmedaillon

Arbeitsanleitung zu Bild 47

Material: Baumwollbatist, 30 x 16 cm,
Anchor Glanzhäkelgarn 50/10 g
Größe: der gehäkelte Rand ist 13 cm breit
Den Stoff oval schneiden und die Kante zu einem Saum einrollen. Danach mit festen Maschen umhäkeln. Das Muster ist rundherum gleich.

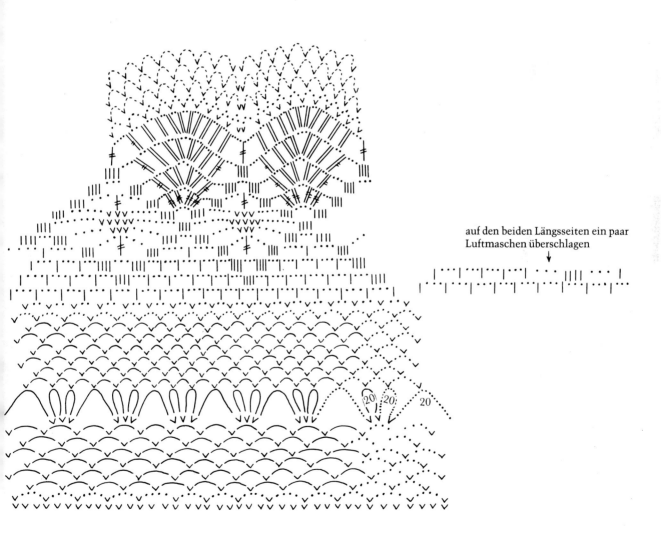

auf den beiden Längsseiten ein paar Luftmaschen überschlagen

Arbeitsanleitung zu Bild 48

Material: Batist, Anchor Glanzhäkelgarn 50/10 g
Breite des Spitzenrandes: 9 cm
Man nehme ein Stück Batist mit einem Durchmesser, der etwas größer ist als 24 cm. Die Stoffkanten werden schmal zum Saum eingerollt. Danach mit festen Maschen umhäkeln. Am besten wäre dabei eine Anzahl, die durch 30 teilbar ist. Klappt das nicht genau, dann ab und zu u. z. in der zweiten Runde, 3 oder 4 feste Maschen überschlagen, anstatt 2 feste Maschen.

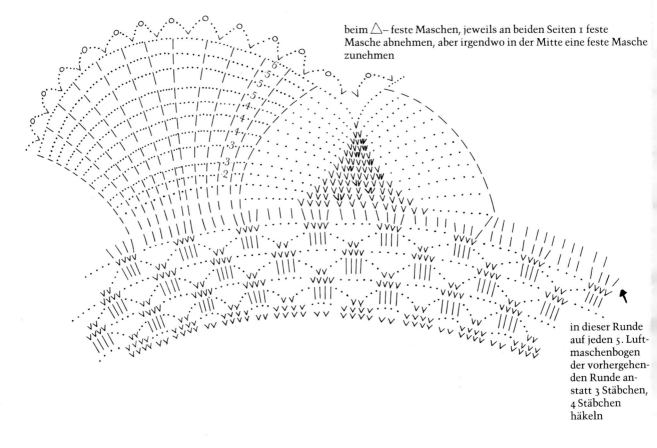

beim △ – feste Maschen, jeweils an beiden Seiten 1 feste Masche abnehmen, aber irgendwo in der Mitte eine feste Masche zunehmen

in dieser Runde auf jeden 5. Luftmaschenbogen der vorhergehenden Runde anstatt 3 Stäbchen, 4 Stäbchen häkeln

18 Rundes Deckchen mit Stoffmedaillon

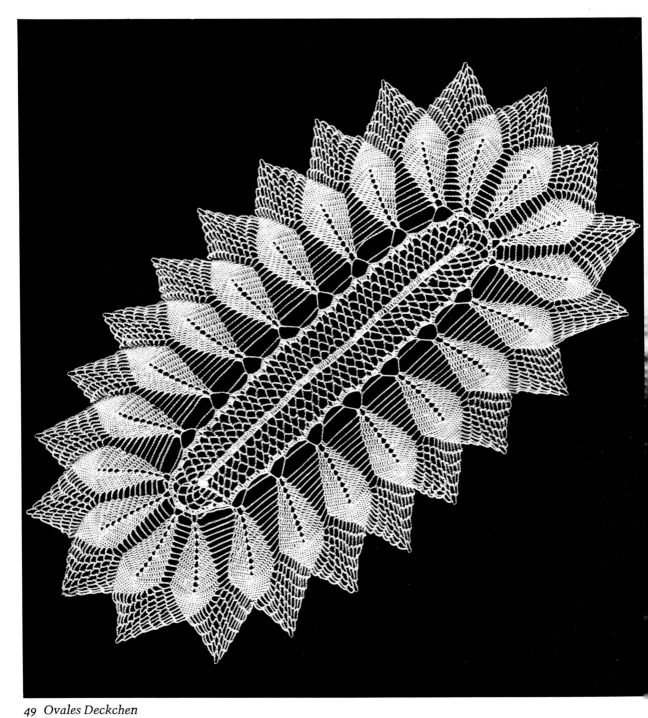

49 Ovales Deckchen

Arbeitsanleitung zu Bild 49

Material: Anchor Glanzhäkelgarn 50/10 g
Größe: 45 x 25 cm
Anschlag: Eine Kette aus 153 Luftmaschen herstellen, auf der ersten bzw. letzten Luftmasche sind 5 Stäbchen für die Rundung zu häkeln, sonst 1 Stäbchen. Dann sind an den Längsseiten jeweils 38 Bogen zu häkeln und auf die beiden Rundungen rechts und links 3 Bogen.

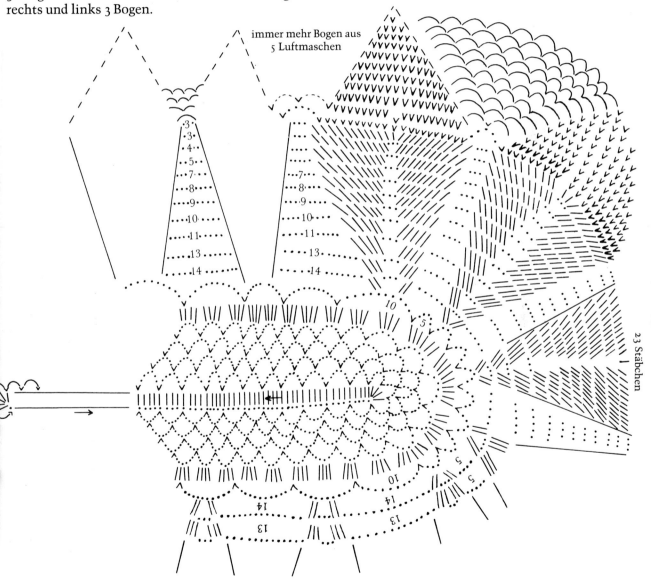

50 Deckchen mit Faltenrand

Arbeitsanleitung zu Bild 50

Material: Anchor Glanzhäkelgarn 50/10 g
Durchmesser: 21 cm
Anschlag: Einen Ring aus 10 Luftmaschen herstellen, darauf 24 Stäbchen.

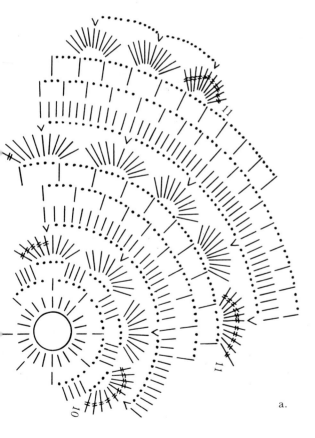

a.

In der letzten Runde (1 Stäbchen – 3 Luftmaschen) nach jeweils 8 Stäbchen mit einer festen Masche am 5. Stäbchen, von der Spitze des vorigen Motivs aus gerechnet, festhäkeln, so daß der Rand sich in Falten legt.

b.

Bei der Herstellung des Faltenrandes wird die Arbeit so weit, daß von diesem nur ein Motiv gezeichnet werden kann.
Auf jede feste Masche und auf jede 6. Luftmasche der vorhergehenden Runde wird genau dieselbe Anzahl Stäbchen gehäkelt.

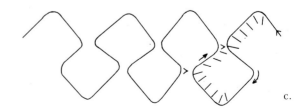

c.

51 Deckchen

Arbeitsanleitung zu Bild 51

Material: Anchor Glanzhäkelgarn 50/10 g
Größe: 25 x 25 cm
Anschlag: Einen Ring aus 8 Luftmaschen herstellen, darauf 12 x (1 Stäbchen – 1 Luftmasche). In der nächsten Runde: 6 x einen Bogen aus 12 Luftmaschen – 1 festen Masche und noch einmal 6 x einen Bogen aus 12 Luftmaschen – 1 festen Masche, die jeweils über den anderen Bogen von vorn nach hinten zu arbeiten sind. Für diese Arbeit ist es am einfachsten, wenn Sie einen langen Arbeitsfaden vom Knäuel abtrennen. Mit zwei Kettmaschen zum nächsten Ansatzpunkt weiterhäkeln, den Bogen häkeln, eine feste Masche hinter den Bogen der vorhergehenden Runde arbeiten, die Nadel aus dem Stich ziehen und den Arbeitsfaden durch den Bogen nach vorn ziehen. Nun wieder einen Bogen häkeln und die feste Masche hinter den Bogen der vorigen Runde arbeiten bzw. bis alle Bogen hintereinanderfallen. Nun den normalen Arbeitsfaden vom Knäuel wieder benutzen. Zuerst 12 Stäbchen auf die Hälfte der Bogen häkeln. Dann 4 x einen Bogen aus 3 Luftmaschen herstellen und mit einer festen Masche aneinanderhäkeln. Weiterhäkeln mit 15 Luftmaschen, dann 10 Luftmaschen häkeln und zum Ring schließen auf der ersten der 10 Luftmaschen. Zurückhäkeln mit 3 x (6 Luftmaschen – 1 Stäbchen – 6 Luftmaschen – 1 Stäbchen – 6 Luftmaschen – 1 feste Masche). Wieder wenden: 3 x (1 halbes Stäbchen – 9 Stäbchen – 1 halbes Stäbchen). Dann folgen 8 Luftmaschen und wieder 18 Luftmaschen, die zum Ring zu schließen sind. Auf diesen Ring aus 18 Luftmaschen 30 feste Maschen häkeln.
Dann 7 Luftmaschen, die mit einer festen Masche an die kleinen Bogen angeheftet werden und dann noch 4 Bogen aus (3 Luftmaschen – 1 festen Masche) draufhäkeln. Zum Schluß sind nun noch 12 Stäbchen auf die andere Hälfte des Bogens der vorigen Runde zu häkeln. Nun mit 2 Kettmaschen ein Stückchen zurückhäkeln und den nächsten Turm arbeiten. Nun jedoch die Mitte der 15 Luftmaschen an der Mitte der 30 festen Maschen festhäkeln.

Die folgenden Türme auf den Bogen werden lt. Zeichnung und Beschreibung gearbeitet. Nach jedem Turm mit 2 Kettmaschen zurückgehen für den nächsten.

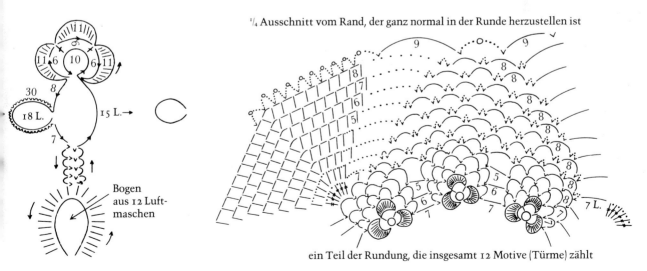

¼ Ausschnitt vom Rand, der ganz normal in der Runde herzustellen ist

ein Teil der Rundung, die insgesamt 12 Motive (Türme) zählt

Arbeitsanleitung zu Bild 1 (S. 7)

Material: Anchor Glanzhäkelgarn 50/10 g
Größe: 43 x 28 cm

Anschlag: Eine Kette aus 101 Luftmaschen herstellen, hierauf jeweils 1 Stäbchen – 3 Luftmaschen, bis 25 offene Kästchen entstanden sind. Um diese Kästchen rundherum häkeln, so daß ein Oval entsteht.

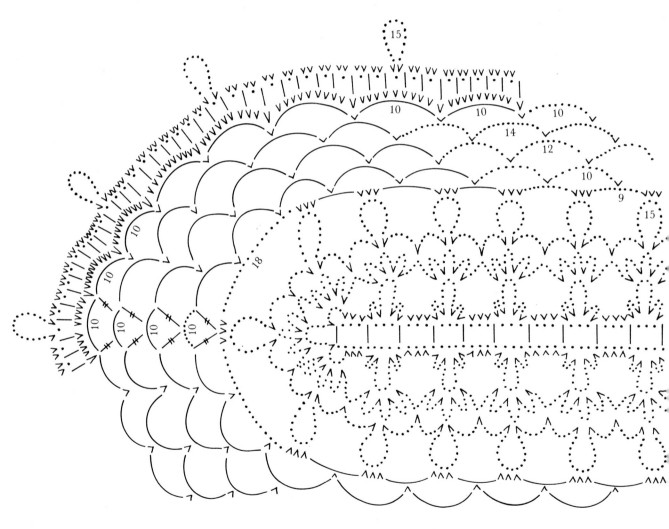

a.

Beim Pfeil mit Kettmaschen von oben nach unten zurückhäkeln. Diese Türmchen werden hin und her gehäkelt und später mit 1 festen Masche – 1 Doppelstäbchen aneinandergehäkelt (siehe Teil c).

52 Große Blumendecke

Arbeitsanleitung zu Bild 52

Material: Anchor Glanzhäkelgarn 20/10 g
Durchmesser: 72 cm
Anschlag: 20 Luftmaschen zu einem Ring schließen, darauf 12 x 2 dreifache Stäbchen – 6 Luftmaschen. Stellen Sie zuerst das Zentrum her. Dann 12 runde Motive II, die zirkelförmig aneinander zu häkeln sind. Jeweils 2 Spitzen aneinander, nicht jedoch die 7 Bogen am oberen Außenrand. Nun Teil I und II aneinanderhäkeln mit 4 Luftmaschen – 1 festen Masche – 4 Luftmaschen – 1 festen Masche (siehe Pfeile). Danach sind 12 kleine Motive III. anzufertigen, die in der folgenden Runde mit eingehäkelt werden. Dann ist Rand IV. herzustellen.

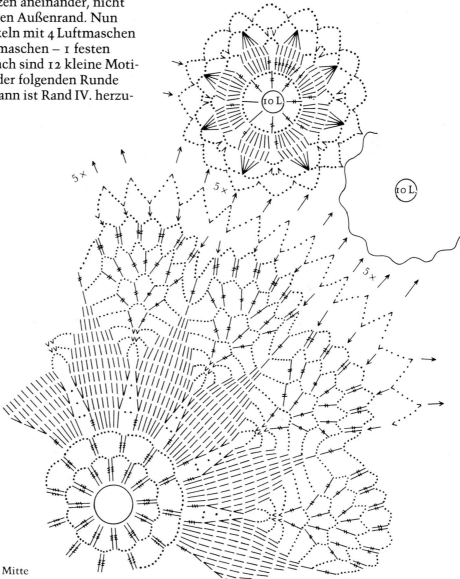

Mitte

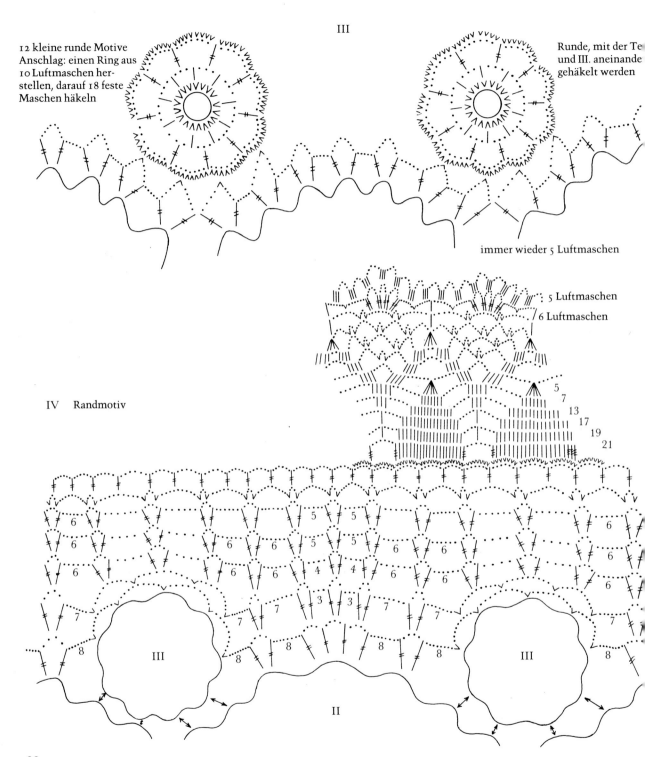

Teil II

1: Rundes Deckchen mit Pfauenfedern. Die Arbeitsanleitung finden Sie auf Seite 184.

Arbeitsanleitungen

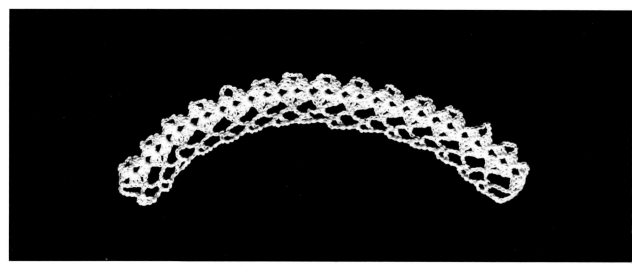

2 Spitze

Arbeitsanleitung* zu Bild 2

Material: Anchor Glanzhäkelgarn 20/10 g
Breite der Spitze: 2 cm

Anschlag: 10 Luftmaschen, dann 3 Luftmaschen zum Wenden.
1. 3 Stäbchen – 3 Luftmaschen – 3 Stäbchen – 1 feste Masche – 5 Luftmaschen – 1 Stäbchen – 5 Luftmaschen – wenden,
2. 1 feste Maschen – 5 Luftmaschen – 3 Stäbchen – 3 Luftmaschen – 3 Stäbchen – 5 Luftmaschen – wenden.

1. und 2. Reihe jeweils wiederholen.

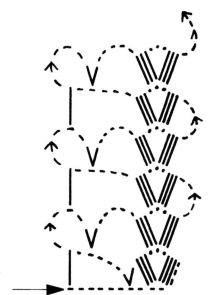

3 Kragen

Arbeitsanleitung* zu Bild 3

Material: Anchor Glanzhäkelgarn 50/10 g
Breite der Spitze: 4,5 cm

Anschlag: 39 Luftmaschen
Ein Bogen besteht aus jeweils 5 Luftmaschen

* Bei den in diesem Buch beschriebenen Arbeitsanleitungen wird niemals ein Stäbchen oder eine feste Masche nur in den vorderen oder hinteren Teil eines Maschengliedes der vorhergehenden Reihe oder Runde eingestochen. Bei groben Häkelarbeiten geschieht dies, um einen Rand herzustellen. Bei den Arbeiten, die hier beschrieben und abgebildet wurden, wird immer im ganzen Maschenglied eingestochen.

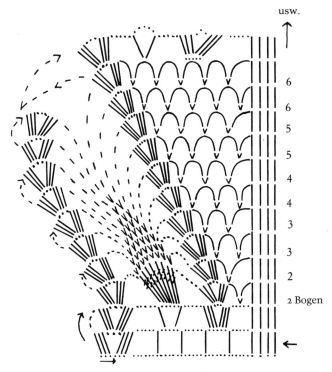

4 Spitze für eine Wiegengarnitur

Arbeitsanleitung zu Bild 4

Material: Anchor Glanzhäkelgarn 50/10 g, fertige Baumwollborte
Breite der Spitze: 3 cm

Anschlag: der Länge der Spitze entsprechend (jedoch eine gerade Zahl).

1. 1 Stäbchen – 1 Luftmasche usw.
2. 1 feste Masche – 5 Luftmaschen – 1 feste Masche usw.
3. 8 Stäbchen – 1 feste Masche – 5 Luftmaschen – 1 feste Masche usw.
4. 1 feste Masche – 5 Luftmaschen – 1 feste Masche usw.
5. 10 Stäbchen – 1 feste Masche – 5 Luftmaschen – 1 feste Masche usw.
6. 1 feste Masche – 7 Luftmaschen – 1 feste Masche – 5 Luftmaschen – 1 feste Masche – 5 Luftmaschen – 1 feste Masche usw.
7. 12 Stäbchen – 1 feste Masche – 5 Luftmaschen – 1 feste Masche usw.
8. 1 feste Masche – 8 Luftmaschen – 1 feste Masche – 5 Luftmaschen – 1 feste Masche – 5 Luftmaschen – 1 feste Masche usw.
9. 14 Stäbchen – 1 feste Masche – 5 Luftmaschen – 1 feste Masche usw.
10. 6 x 1 Stäbchen – 1 Pikot, 1 Luftmasche – 1 feste Masche – 1 Luftmasche usw.

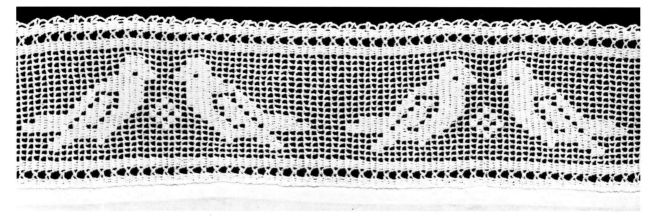

5 Einsatz

Arbeitsanleitung zu Bild 5

Material: Anchor Glanzhäkelgarn 50/10 g
Breite der Spitze: 10 cm
Anschlag: 79 Luftmaschen

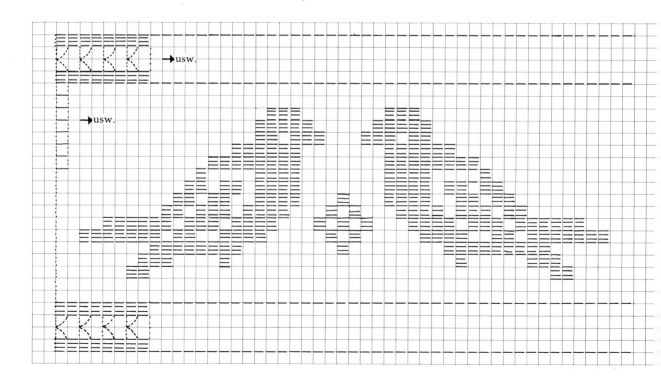

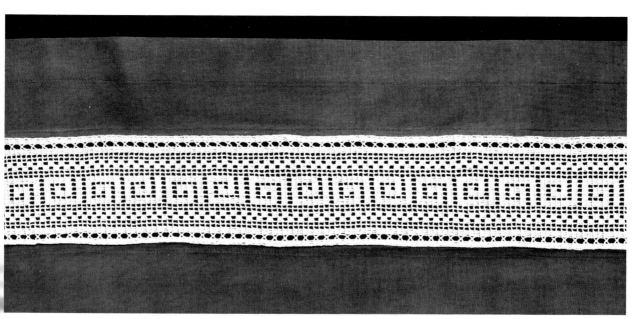

6 Einsatz für ein Überschlaglaken

Arbeitsanleitung zu Bild 6

Material: Anchor Glanzhäkelgarn 50/10 g
Breite der Spitze: 9,5 cm
Anschlag: 79 Luftmaschen

7 Einsatz

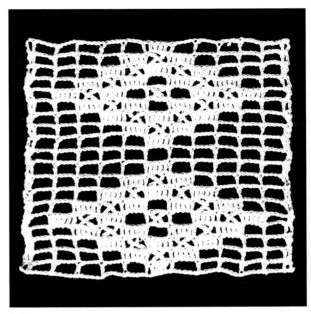

8 Einsatz

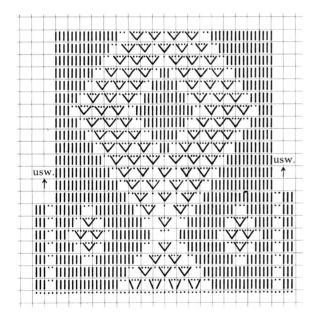

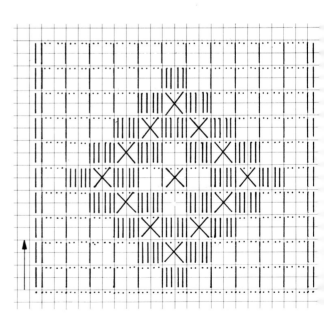

Arbeitsanleitung zu Bild 7 Material: Anchor Liana 10/50 g
Breite der Spitze: 14,5 cm
Anschlag: 65 Luftmaschen

Arbeitsanleitung zu Bild 8

Material: Anchor Glanzhäkelgarn 30/10 g
Breite der Spitze: 9 cm
Anschlag: 58 Luftmaschen

✗ = 1 Kreuzstäbchen mit 2 Luftmaschen in der Mitte

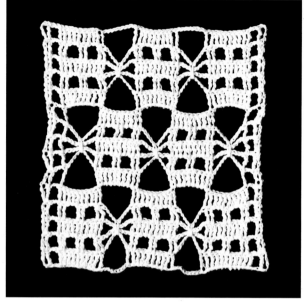

9 Einsatz

Arbeitsanleitung zu Bild 9

Material: Anchor Glanzhäkelgarn 30/10 g
Breite der Spitze: 8 cm
Anschlag: 54 Luftmaschen

Der Einsatz ist ganz in Doppelstäbchen auszuführen.
Das Spinnenmuster häkeln Sie wie folgt:
1. Reihe – 9 Luftmaschen
2. Reihe – 8 Luftmaschen
3. Reihe – 8 Luftmaschen
4. Reihe – 4 Luftmaschen – die Nadel in die mittlere der 9 Luftmaschen der 1. Reihe einstechen und eine langgezogene feste Masche häkeln. Dadurch entsteht die Verbindung der einzelnen Luftmaschenreihen.

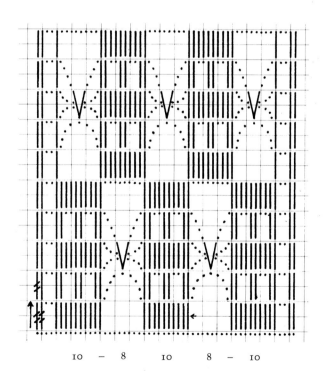

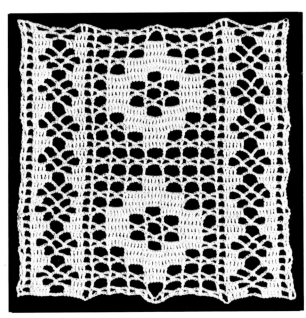

Arbeitsanleitung zu Bild 10

Material: Anchor Glanzhäkelgarn 50/10 g

Breite der Spitze: 12,5 cm

Anschlag: 89 Luftmaschen

∴⋎∴ = 2 Luftmaschen – 1 feste Masche – 2 Luftmaschen – 5 Luftmaschen (vorige Reihe)

10 Einsatz

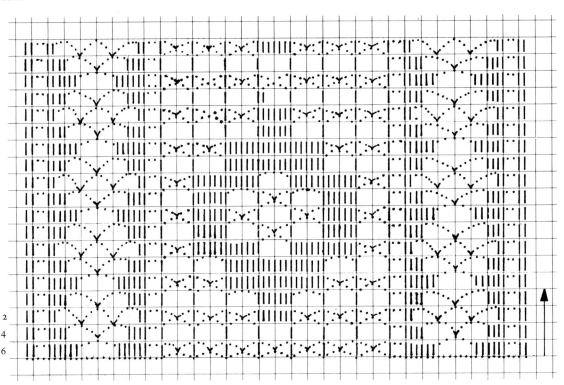

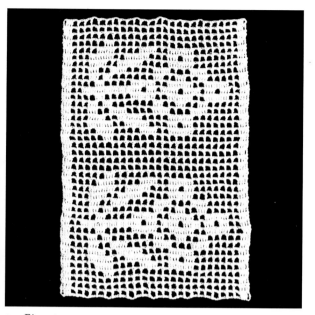

11 Einsatz

12 Einsatz

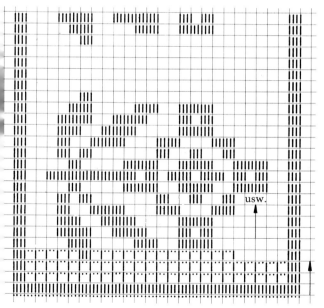

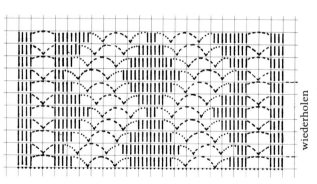

Arbeitsanleitung zu Bild II

Material: Anchor Glanzhäkelgarn 20/10 g
Breite der Spitze: 12,5 cm
Anschlag: 79 Luftmaschen

Arbeitsanleitung zu Bild 12

Material: Anchor Glanzhäkelgarn 20/10 g
Breite der Spitze: 20 cm
Anschlag: 67 Luftmaschen

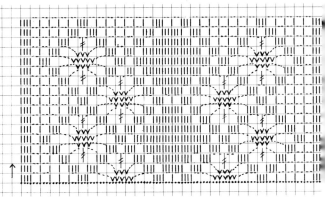

13 Einsatz

Arbeitsanleitung zu Bild 13

Material: Anchor Glanzhäkelgarn 30/10 g
Breite der Spitze: 12 cm
Anschlag: 87 Luftmaschen

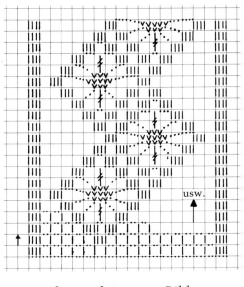

14 Einsatz

Arbeitsanleitung zu Bild 14

Material: Anchor Glanzhäkelgarn 30/10 g
Breite der Spitze: 8 cm
Anschlag: 55 Luftmaschen

15 Einsatz

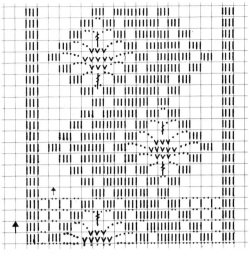

Arbeitsanleitung zu Bild 15

Material: Anchor Glanzhäkelgarn 50/10 g
Breite der Spitze: 7 cm
Anschlag: 58 Luftmaschen

16 Einsatz

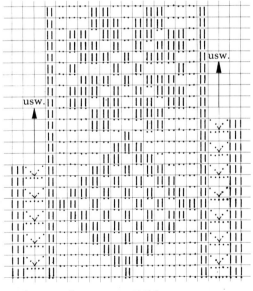

Arbeitsanleitung zu Bild 16

Material: Anchor Glanzhäkelgarn 50/10 g
Breite der Spitze: 7,5 cm
Anschlag: 46 Luftmaschen

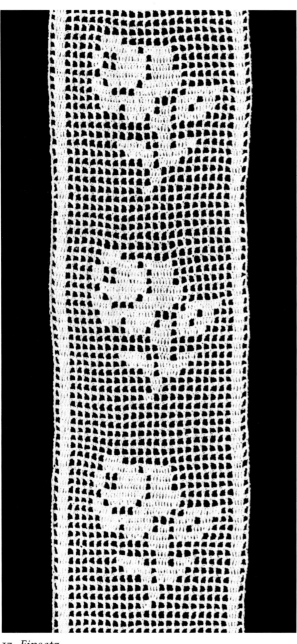

17 Einsatz

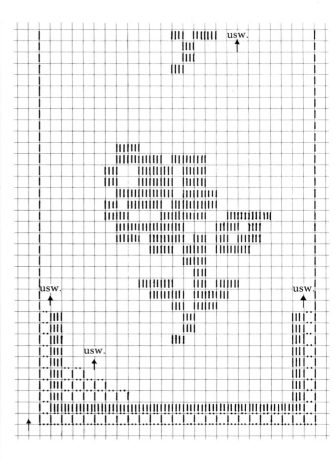

Arbeitsanleitung zu Bild 17

Material: Anchor Glanzhäkelgarn 50/10 g
Breite der Spitze: 9 cm
Anschlag: 76 Luftmaschen

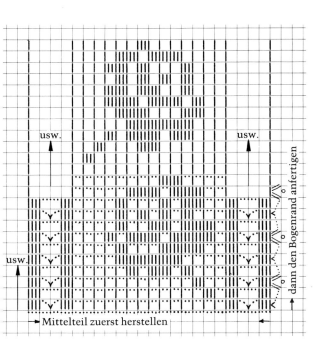

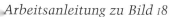

Arbeitsanleitung zu Bild 18

Material: Anchor Glanzhäkelgarn 50/10 g
Breite der Spitze: 9 cm
Anschlag: 67 Luftmaschen
Anmerkung: Man kann diese Spitze auch als Einsatz arbeiten. Dabei läßt man den seitlich zu häkelnden Bogenrand weg.

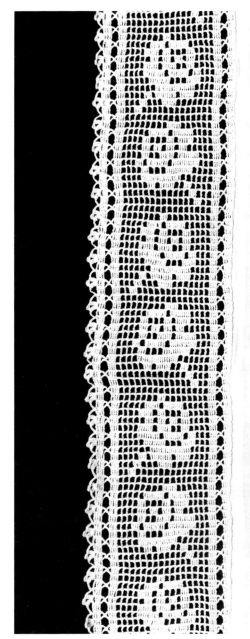

18 Spitze mit Rosenmotiven

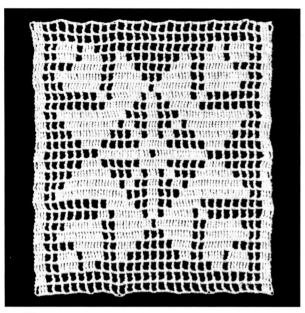

19 Einsatz

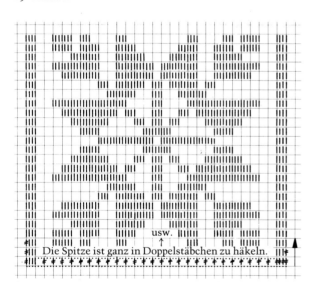

Die Spitze ist ganz in Doppelstäbchen zu häkeln.

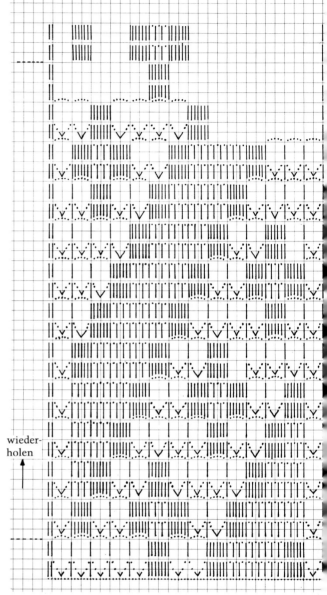

wieder-
holen

Arbeitsanleitung zu Bild 19

Material: Anchor Glanzhäkelgarn 20/10 g
Breite der Spitze: 13,5 cm
Anschlag: 89 Luftmaschen

Arbeitsanleitung zu Bild 20

Material: Anchor Glanzhäkelgarn 50/10 g
Breite der Spitze: 10,5 cm
Anschlag: 87 Luftmaschen

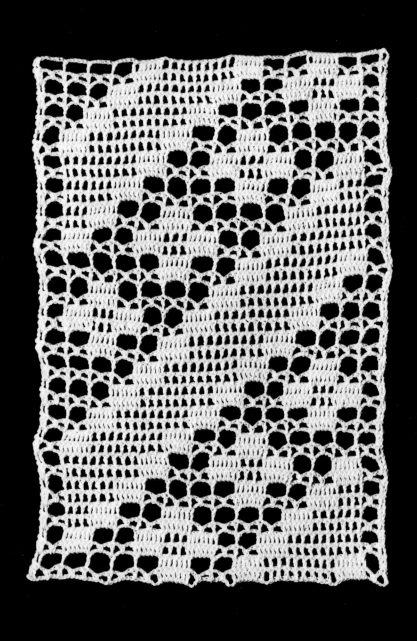

20 Einsatz

21a Nachthemd (Vorderteil)

21b Nachthemd (Rückenteil)

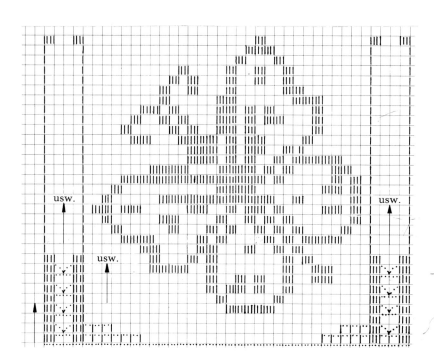

Arbeitsanleitung zu Bild 21a

Material: Anchor Glanzhäkelgarn 50/10 g
Breite der Passe: ca. 10 cm
Anschlag: 115 Luftmaschen

Bevor man mit der Häkelarbeit beginnen kann, muß die Oberweite der Dame gemessen werden, für die das Nachthemd bestimmt ist. Von der ermittelten Weite nimmt man jeweils eine Hälfte für das Vorderteil und eine für das Rückenteil. Man häkelt in jedes Teil zwei Schmetterlingmotive spiegelbildlich ein. Danach auf beiden Seiten für den Ärmelausschnitt abnehmen.
Die Länge der Träger muß wiederum abgemessen werden. Auf der Vorderseite ebenfalls Schmetterlingmotive einarbeiten. Danach sowohl links als auch rechts abnehmen, ca. 6 x (siehe Muster). In der Mitte der Schulter ist wieder zuzunehmen bis zur ursprünglichen Breite. Im Rückenteil der Träger sind 3 Abnäher einzuarbeiten und zwar wie folgt: Anstelle von 12 x (1 Stäbchen – 2 Luftmaschen) werden 12 x (1 feste Masche – 2 Luftmaschen) gehäkelt zum Armloch hin. Der andere Träger ist in entsprechender Weise, aber spiegelbildlich herzustellen.

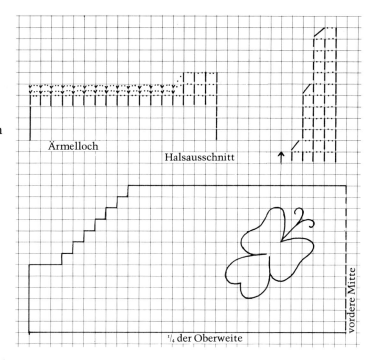

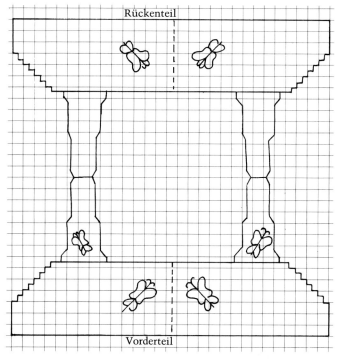

Arbeitsanleitung zu Bild 21b: die Passe

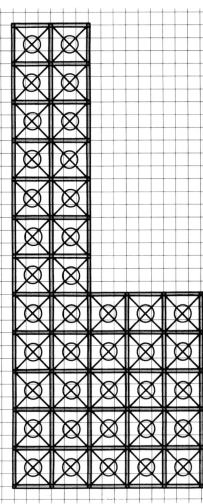

22 *Schürze*

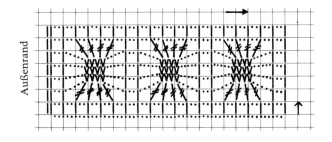

Arbeitsanleitung zu Bild 22

Material: Anchor Glanzhäkelgarn 50/10 g
Größe von zwei Motiven: 4,5 cm
Anschlag: 24 Luftmaschen pro Motiv
Am Außenrand werden jeweils 2 Stäbchen als Abschluß und zur Verstärkung gehäkelt.

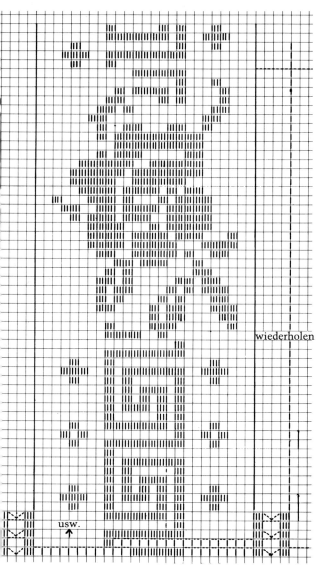

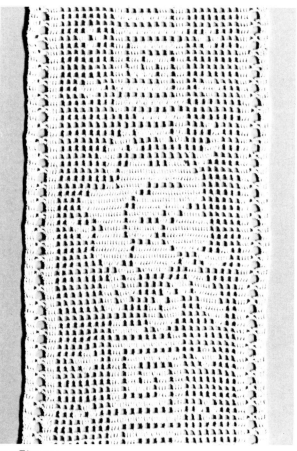

23 Einsatz

Arbeitsanleitung zu Bild 23

Material: Anchor Glanzhäkelgarn 50/10 g
Breite der Spitze: 11 cm
Anschlag: 100 Luftmaschen

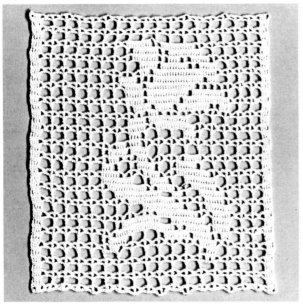

24 Einsatz

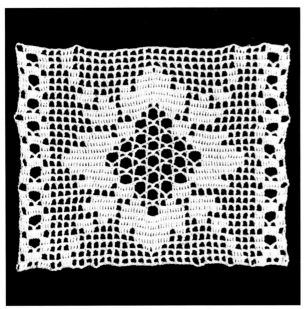

25 Einsatz

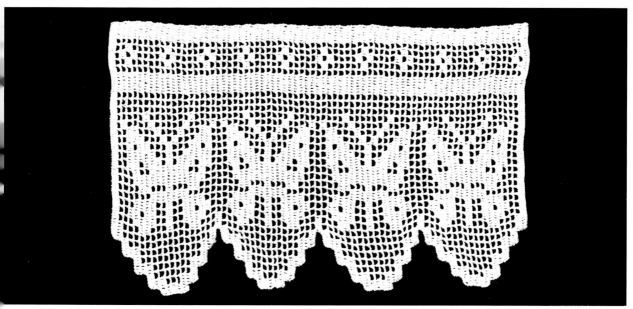

26 Schutzdecke für die Rücklehne eines Sessels

Arbeitsanleitung zu Bild 24

Material: Anchor Glanzhäkelgarn 30/10 g
Breite der Spitze: 13 cm
Anschlag: 109 Luftmaschen

Arbeitsanleitung zu Bild 25

Material: Anchor Glanzhäkelgarn 50/10 g
Breite der Spitze: 13 cm
Anschlag: 109 Luftmaschen

Arbeitsanleitung zu Bild 26

Material: Anchor Glanzhäkelgarn 20/10 g
Breite der Schutzdecke: 30 x 18 cm
Anschlag: 85 Luftmaschen

• = 4 Stäbchen
] = 1 Stäbchen – 2 Luftmaschen – 1 Stäbchen

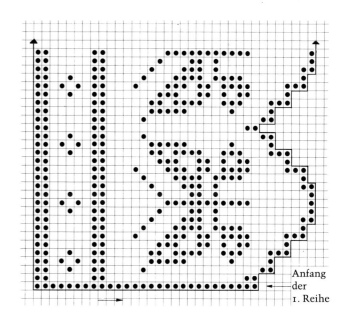

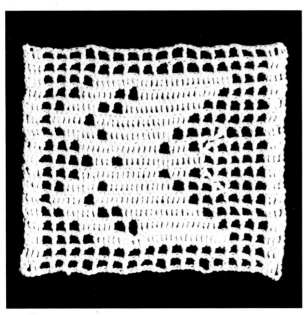

27 Einsatz

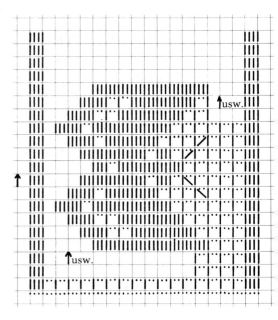

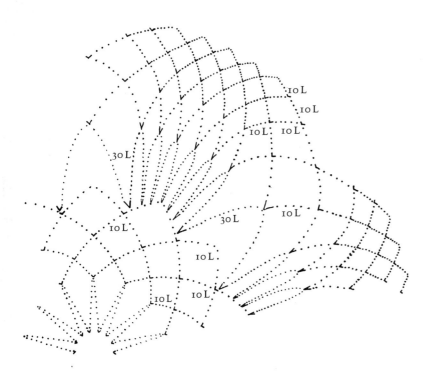

Arbeitsanleitung zu Bild 27

Material: Anchor Glanzhäkelgarn 20/10 g

Breite der Spitze: 9,5 cm
Anschlag: 55 Luftmaschen

Arbeitsanleitung zu Bild 28

Material: Anchor Glanzhäkelgarn 50/10 g
Durchmesser: 21 cm
Anschlag: Einen Ring aus 14 Luftmaschen herstellen, darauf 20 x (21 Luftmaschen – 1 feste Masche) häkeln.

28 Deckchen

29 Ovales Deckchen mit Stoffmedaillon

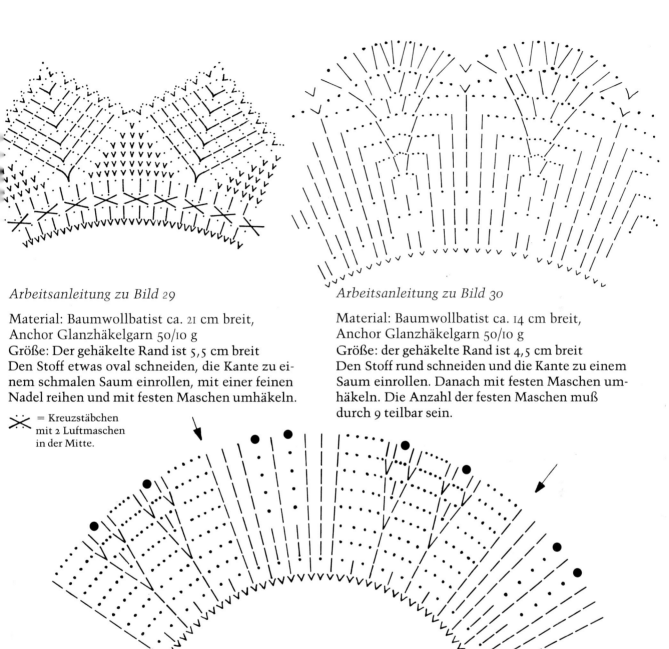

Arbeitsanleitung zu Bild 29

Material: Baumwollbatist ca. 21 cm breit, Anchor Glanzhäkelgarn 50/10 g
Größe: Der gehäkelte Rand ist 5,5 cm breit
Den Stoff etwas oval schneiden, die Kante zu einem schmalen Saum einrollen, mit einer feinen Nadel reihen und mit festen Maschen umhäkeln.

✕ = Kreuzstäbchen mit 2 Luftmaschen in der Mitte.

Arbeitsanleitung zu Bild 30

Material: Baumwollbatist ca. 14 cm breit, Anchor Glanzhäkelgarn 50/10 g
Größe: der gehäkelte Rand ist 4,5 cm breit
Den Stoff rund schneiden und die Kante zu einem Saum einrollen. Danach mit festen Maschen umhäkeln. Die Anzahl der festen Maschen muß durch 9 teilbar sein.

Arbeitsanleitung zu Bild 31

Material: Baumwollbatist ca. 14 cm breit, Anchor Glanzhäkelgarn 50/10 g
Größe: der gehäkelte Rand ist ca. 3 cm breit. Stoff rund schneiden und Kante zu einem Saum einrollen. Danach mit festen Maschen umhäkeln. Die Anzahl der festen Maschen muß durch 20 teilbar sein.

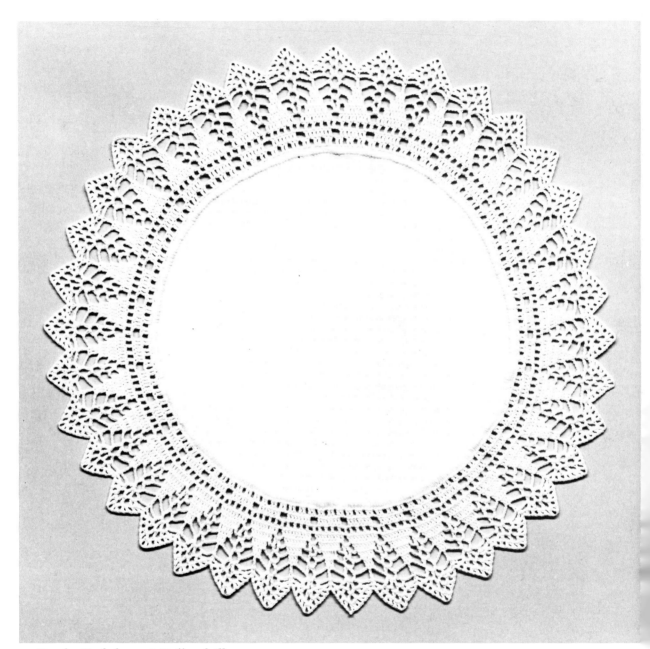

30 *Rundes Deckchen mit Stoffmedaillon*

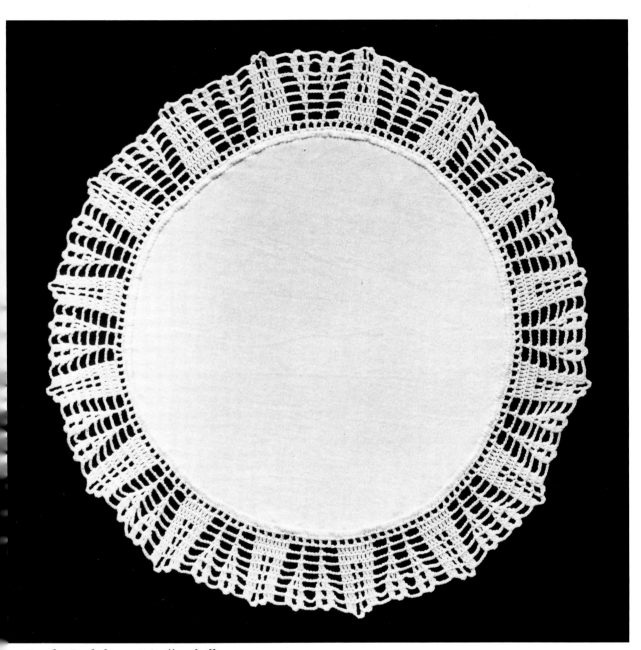
31 Rundes Deckchen mit Stoffmedaillon

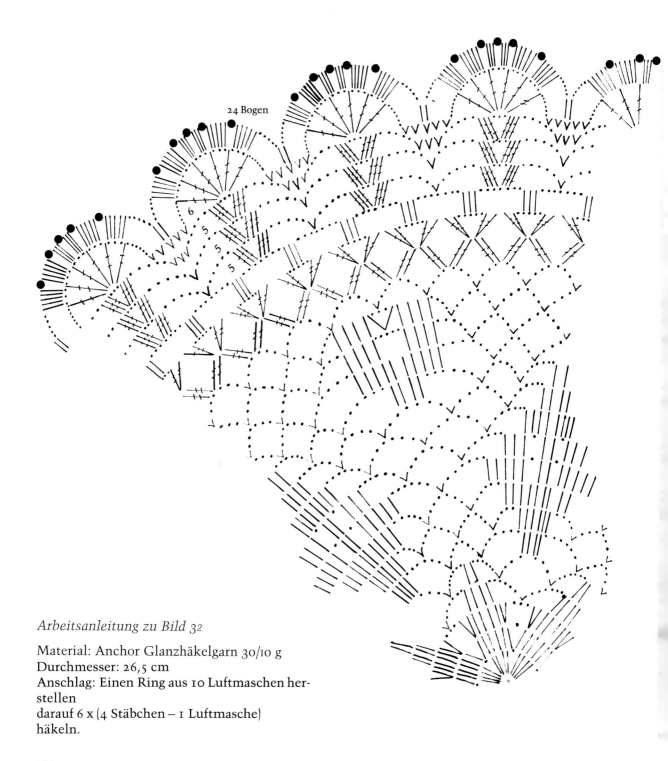

Arbeitsanleitung zu Bild 32

Material: Anchor Glanzhäkelgarn 30/10 g
Durchmesser: 26,5 cm
Anschlag: Einen Ring aus 10 Luftmaschen herstellen
darauf 6 x (4 Stäbchen – 1 Luftmasche) häkeln.

32 Rundes Deckchen

Arbeitsanleitung zu Bild 33

Material: Anchor Glanzhäkelgarn 50/10 g
Durchmesser: 24 cm

1. Ring aus 10 Luftmaschen herstellen, darauf
2. 32 Stäbchen
3. 8 x (4 Doppelstäbchen – 3 Luftmaschen)

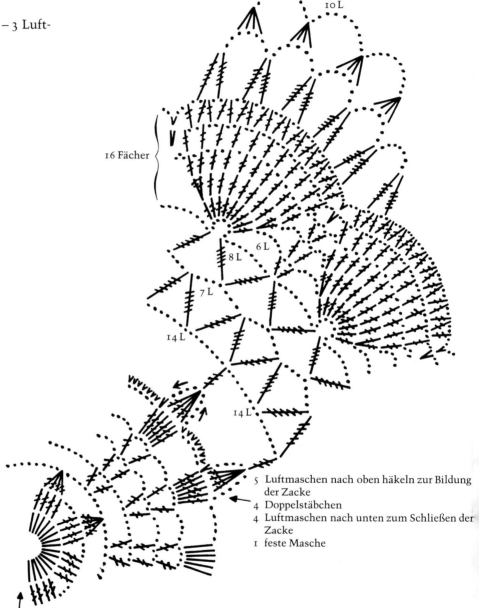

5 Luftmaschen nach oben häkeln zur Bildung der Zacke
4 Doppelstäbchen
4 Luftmaschen nach unten zum Schließen der Zacke
1 feste Masche

33 Deckchen mit Fächermotiven

34 Deckchen

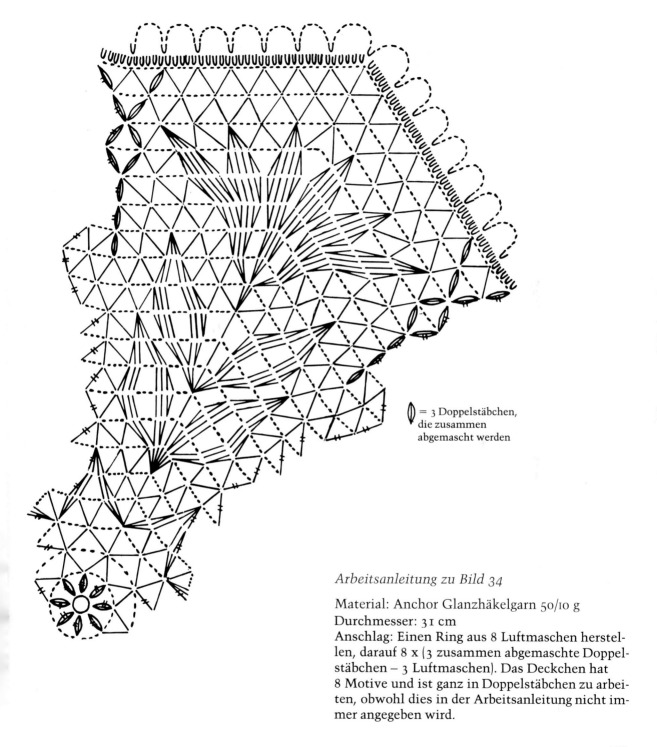

◊ = 3 Doppelstäbchen, die zusammen abgemascht werden

Arbeitsanleitung zu Bild 34

Material: Anchor Glanzhäkelgarn 50/10 g
Durchmesser: 31 cm
Anschlag: Einen Ring aus 8 Luftmaschen herstellen, darauf 8 x (3 zusammen abgemaschte Doppelstäbchen – 3 Luftmaschen). Das Deckchen hat 8 Motive und ist ganz in Doppelstäbchen zu arbeiten, obwohl dies in der Arbeitsanleitung nicht immer angegeben wird.

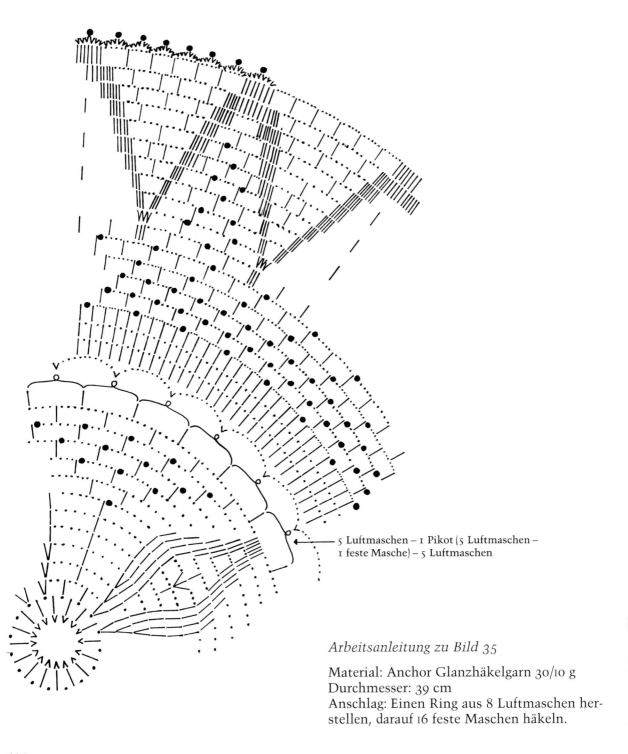

5 Luftmaschen – 1 Pikot (5 Luftmaschen – 1 feste Masche) – 5 Luftmaschen

Arbeitsanleitung zu Bild 35

Material: Anchor Glanzhäkelgarn 30/10 g
Durchmesser: 39 cm
Anschlag: Einen Ring aus 8 Luftmaschen herstellen, darauf 16 feste Maschen häkeln.

35 Deckchen mit 21 Zacken

Arbeitsanleitung zu Bild 36

Material: Anchor Glanzhäkelgarn 20/10 g
Durchmesser: 16,5 cm
Anschlag: Einen Ring aus 8 Luftmaschen herstellen, darauf

1. 9 x (1 Stäbchen – 2 Luftmaschen)
2. auf die Luftmaschenbogen der vorigen Runde: 1 halbes Stäbchen – 2 Stäbchen – 1 halbes Stäbchen
3. Bogen aus 1 Stäbchen – 4 Luftmaschen häkeln, aber diese Stäbchen sind in die Stäbchen der 1. Runde einzustechen.
4. auf die Luftmaschenbogen der vorigen Runde: 1 halbes Stäbchen – 4 Stäbchen – 1 halbes Stäbchen
5. Bogen aus 6 Luftmaschen – 1 Stäbchen häkeln, diese Stäbchen in die der 3. Runde einstechen.
6. auf die Luftmaschenbogen der vorigen Runde: 2 halbe Stäbchen – 5 Stäbchen – 2 halbe Stäbchen.
7. Bogen aus 1 Stäbchen – 8 Luftmaschen häkeln, diese Stäbchen in die der 5. Runde einstechen.
8. auf die Luftmaschenbogen der vorigen Runde: 4 Stäbchen – 3 Luftmaschen häkeln.

Die weiteren Runden sind dem Muster zu entnehmen.

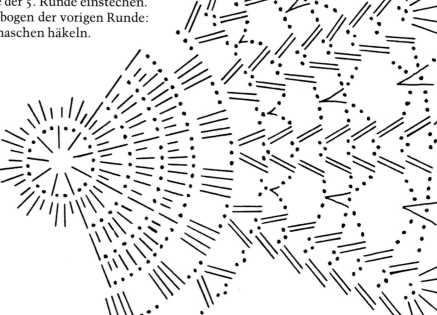

18 Motive

Deckchen mit aufliegender Rose

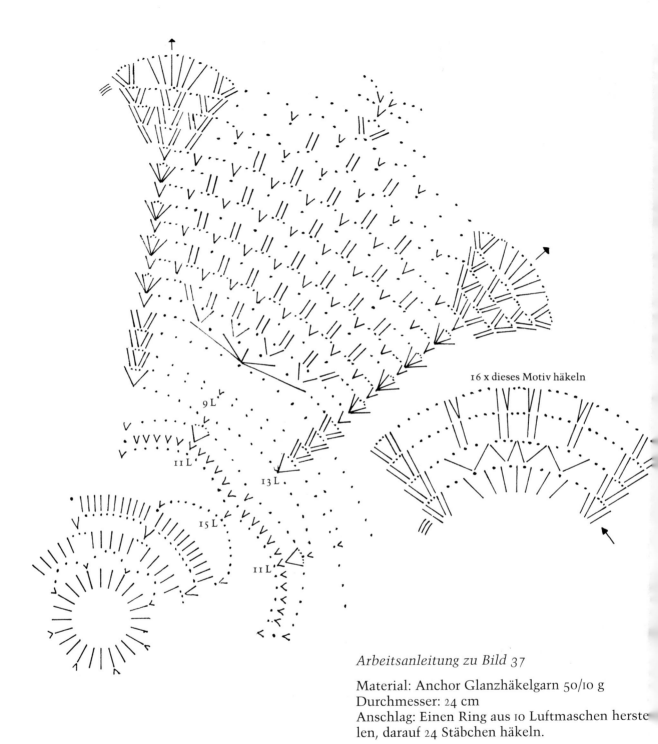

16 x dieses Motiv häkeln

Arbeitsanleitung zu Bild 37

Material: Anchor Glanzhäkelgarn 50/10 g
Durchmesser: 24 cm
Anschlag: Einen Ring aus 10 Luftmaschen herstellen, darauf 24 Stäbchen häkeln.

37 Deckchen

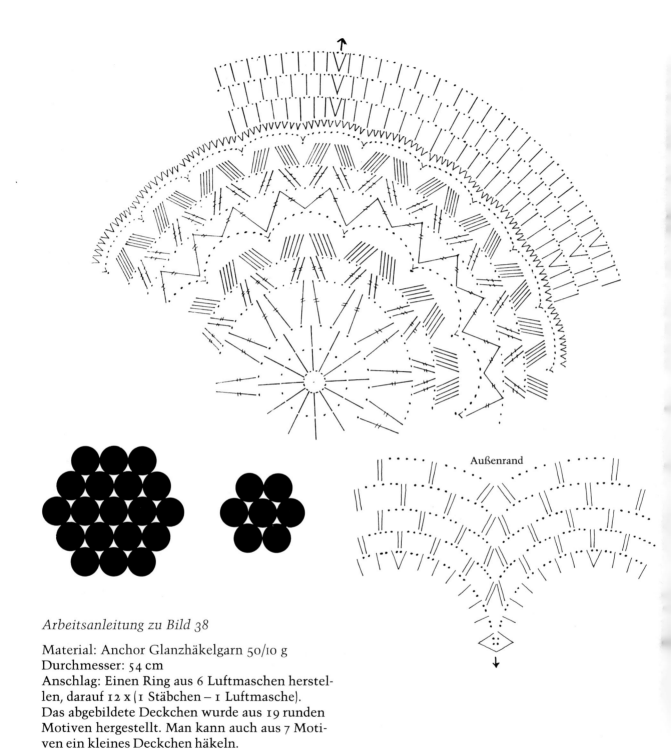

Arbeitsanleitung zu Bild 38

Material: Anchor Glanzhäkelgarn 50/10 g
Durchmesser: 54 cm
Anschlag: Einen Ring aus 6 Luftmaschen herstellen, darauf 12 x (1 Stäbchen – 1 Luftmasche).
Das abgebildete Deckchen wurde aus 19 runden Motiven hergestellt. Man kann auch aus 7 Motiven ein kleines Deckchen häkeln.

8 Deckchen mit 19 runden Motiven

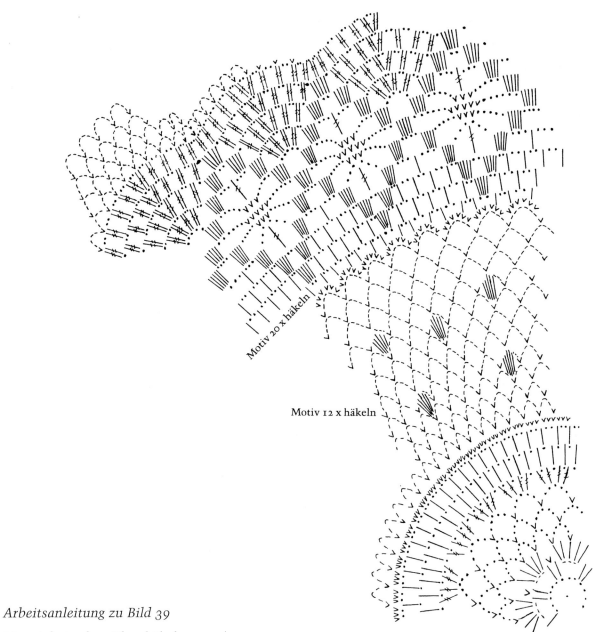

Arbeitsanleitung zu Bild 39

Material: Anchor Glanzhäkelgarn 50/10 g
Durchmesser: 26 cm
Anschlag: Einen Ring aus 8 Luftmaschen herstellen, darauf 5 x (2 Stäbchen – 3 Luftmaschen) häkeln.

39 Deckchen

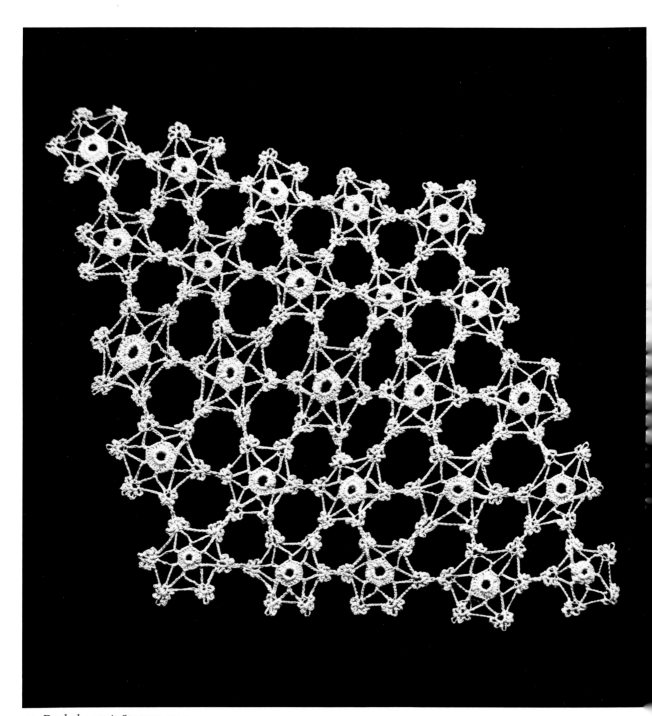

40 Deckchen mit Sternmuster

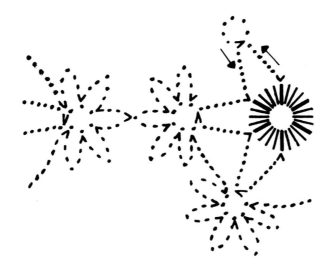

Arbeitsanleitung zu Bild 40

Material: Anchor Glanzhäkelgarn 30/10 g
Größe: 30 x 21 cm – 25 Sternmotive
Für jedes Motiv
1. einen Ring aus 10 Luftmaschen herstellen, darauf
2. 24 Stäbchen
3. 12 Luftmaschen – 1 feste Masche in die 6. Luftmasche – 6 Luftmaschen – 1 feste Masche in das 4. Stäbchen der vorigen Runde
4. mit einigen Kettmaschen den Anfang der nächsten Runde zur Zackenspitze verlagern
5. hierauf 5 x (5 Luftmaschen – 1 feste Masche) Bogen häkeln
6. 6 Luftmaschen – 1 feste Masche zur nächsten Zackenspitze häkeln.

Die Sternmotive werden aneinandergehäkelt. Die Befestigung ist jeweils im 3. Bogen der 3. Runde herzustellen und zwar wie folgt: Anstelle der 5 Luftmaschen häkelt man 2 Luftmaschen – 1 feste Masche in den mittleren Bogen des vorigen Motivs – 2 Luftmaschen.

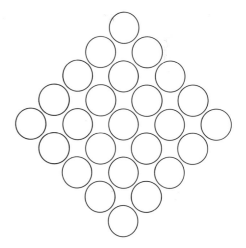

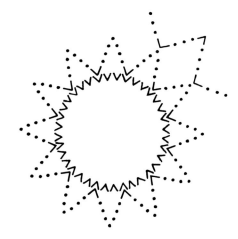

Arbeitsanleitung zu Bild 41

Material: Anchor Glanzhäkelgarn 50/10 g
Durchmesser: 37 cm
Dieses sternförmige Deckchen ist aus 121 Motiven herzustellen. Anschlag: Einen Ring aus 20 Luftmaschen herstellen, darauf 36 feste Maschen häkeln.
Dann 12 x (7 Luftmaschen – 1 feste Masche); hierbei sind immer 2 feste Maschen der vorigen Runde zu überschlagen.
Jedes Motiv wird mit 2 aufeinanderfolgenden Zakken mit dem vorhergehenden Motiv verbunden. Jetzt werden anstelle der 7 Luftmaschen (3 Luftmaschen – 1 feste Masche in den Luftmaschenbogen des vorigen Motivs – 3 Luftmaschen) gehäkelt (siehe Muster).

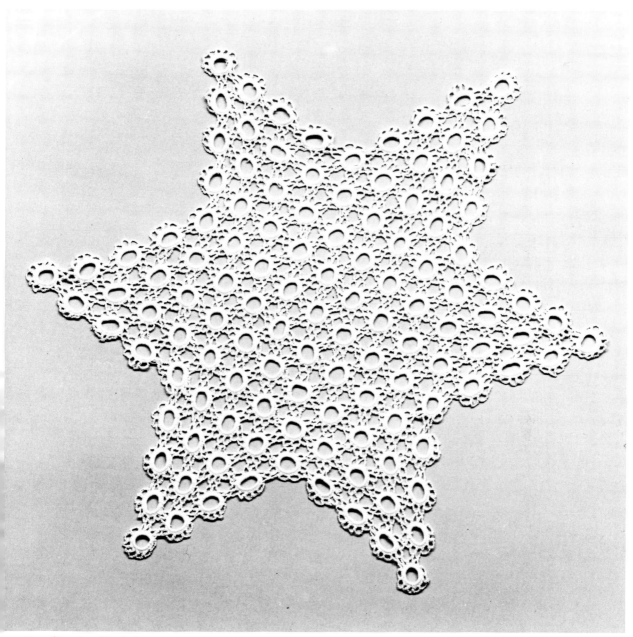

41 Sternförmiges Deckchen

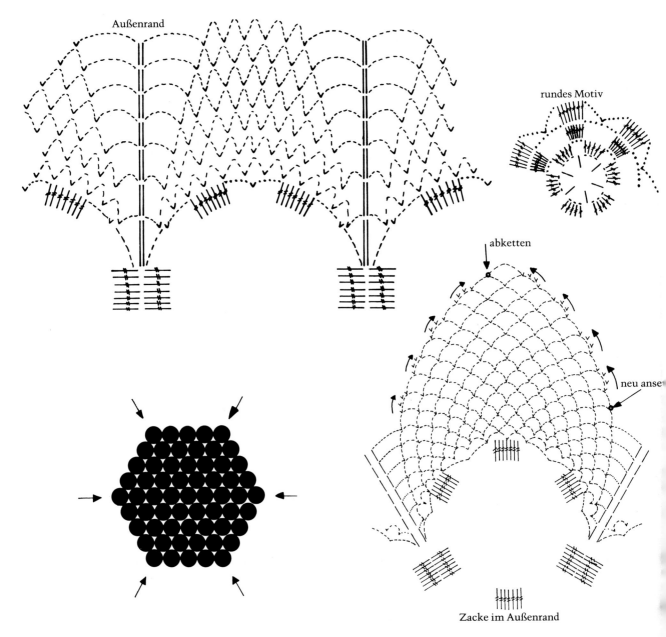

Arbeitsanleitung zu Bild 42

Material: Anchor Glanzhäkelgarn 50/10 g, Durchmesser: 62 cm
Anschlag: Einen Ring aus 8 Luftmaschen für jedes runde Motiv herstellen, darauf 6 x (1 Stäbchen – 3 Luftmaschen) häkeln.

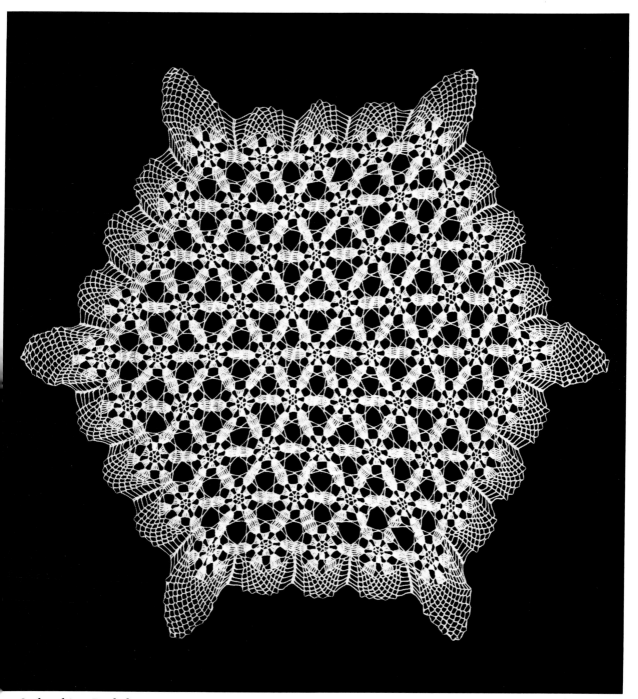

12 Sechseckiges Deckchen

43 Deckchen

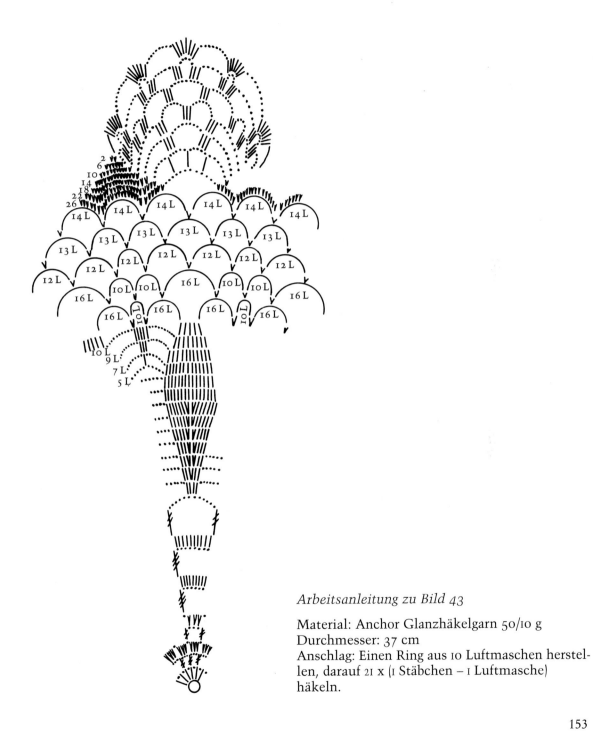

Arbeitsanleitung zu Bild 43

Material: Anchor Glanzhäkelgarn 50/10 g
Durchmesser: 37 cm
Anschlag: Einen Ring aus 10 Luftmaschen herstellen, darauf 21 x (1 Stäbchen – 1 Luftmasche) häkeln.

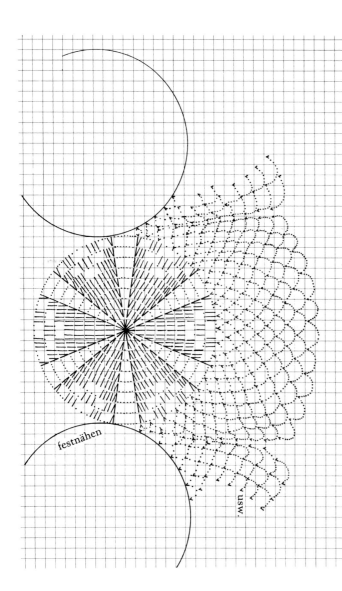

Arbeitsanleitung zu Bild 44

Material: Anchor Glanzhäkelgarn 30/10 g
Durchmesser: 38 cm
Anschlag: Für jedes Motiv einen Ring aus 8 Luftmaschen herstellen, darauf 8 Stäbchen häkeln.

44 *Deckchen mit sieben runden Motiven*

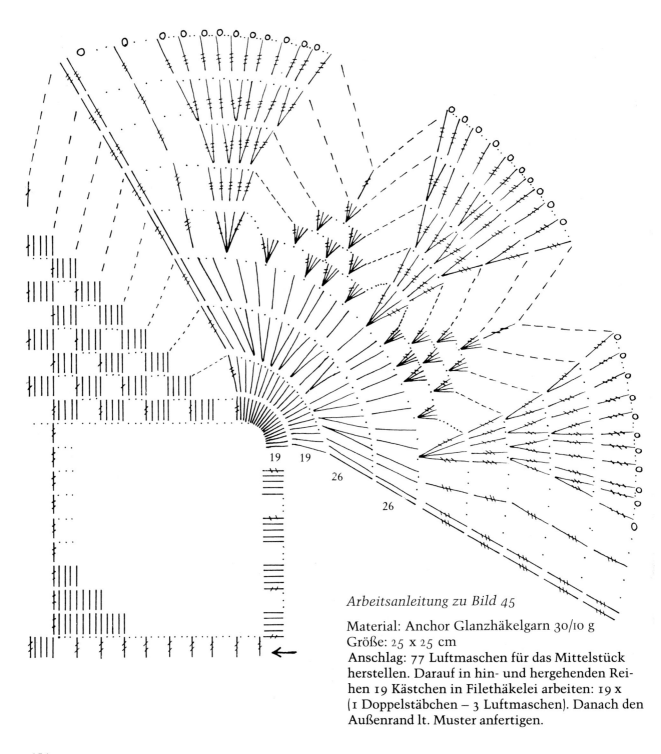

Arbeitsanleitung zu Bild 45

Material: Anchor Glanzhäkelgarn 30/10 g
Größe: 25 x 25 cm
Anschlag: 77 Luftmaschen für das Mittelstück herstellen. Darauf in hin- und hergehenden Reihen 19 Kästchen in Filethäkelei arbeiten: 19 x (1 Doppelstäbchen – 3 Luftmaschen). Danach den Außenrand lt. Muster anfertigen.

45 Viereckiges Deckchen

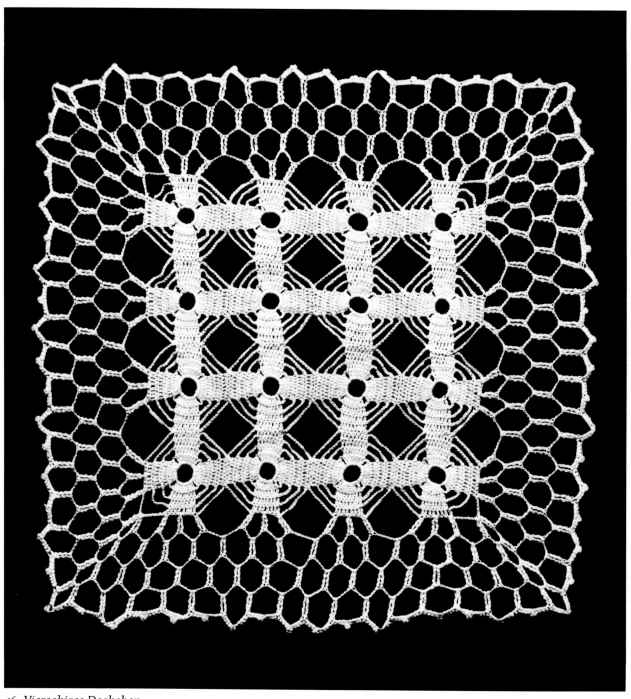

46 Viereckiges Deckchen

Arbeitsanleitung zu Bild 46

Material: Anchor Glanzhäkelgarn 20/10 g
Größe: 25 x 25 cm
Anschlag: 15 Luftmaschen zum Ring schließen, darauf
4 x (8 Stäbchen – 2 Luftmaschen)
4 x (8 Stäbchen – 6 Luftmaschen)
4 x (8 Stäbchen – 10 Luftmaschen)
4 x (8 Stäbchen – 13 Luftmaschen)

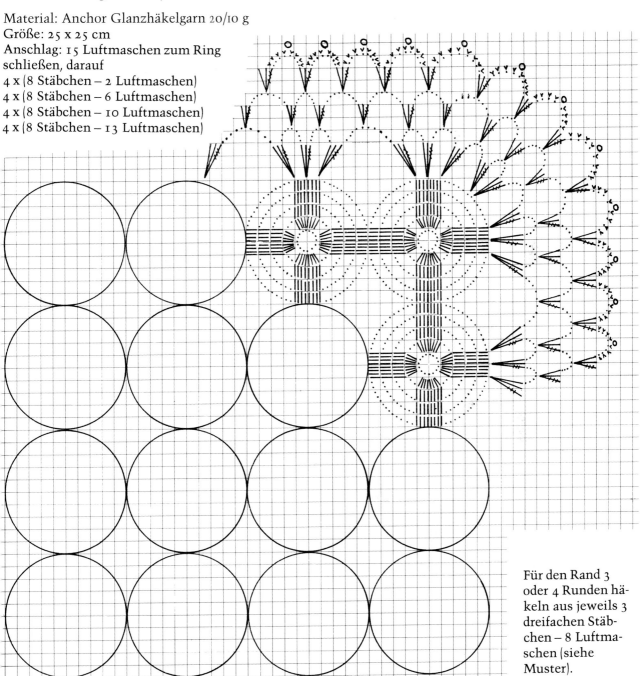

Für den Rand 3 oder 4 Runden häkeln aus jeweils 3 dreifachen Stäbchen – 8 Luftmaschen (siehe Muster).

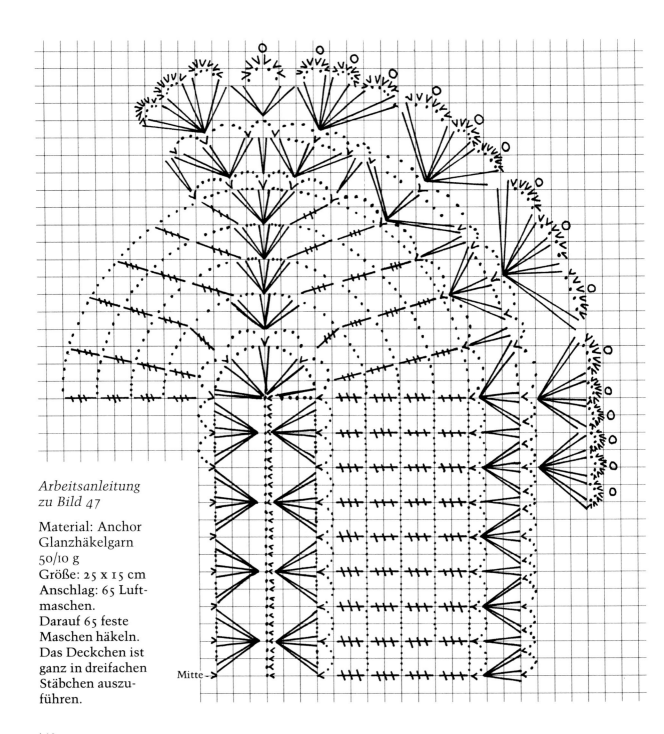

Arbeitsanleitung zu Bild 47

Material: Anchor Glanzhäkelgarn 50/10 g
Größe: 25 x 15 cm
Anschlag: 65 Luftmaschen.
Darauf 65 feste Maschen häkeln. Das Deckchen ist ganz in dreifachen Stäbchen auszuführen.

Mitte

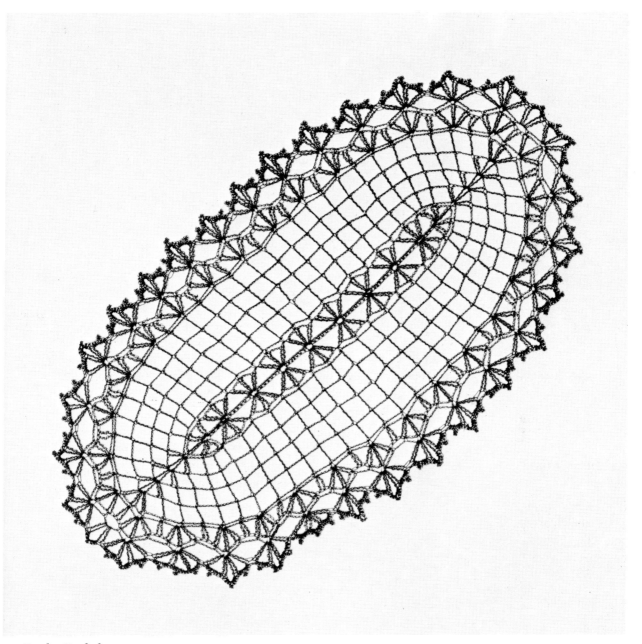

47 Ovales Deckchen

48 Deckchen

Arbeitsanleitung zu Bild 48

Material: Anchor Glanzhäkelgarn 30/10 g
Durchmesser: 20 cm
Anschlag: Einen Ring aus 8 Luftmaschen herstellen, darauf 6 x (1 Doppelstäbchen – 7 Luftmaschen)

Arbeitsanleitung zu Bild 49

Material: Anchor Glanzhäkelgarn 20/10 g
Durchmesser: 23 cm
Anschlag: Einen Ring aus 12 Luftmaschen herstellen, darauf 26 Stäbchen häkeln.

49 Deckchen

50 Deckchen

51 Deckchen

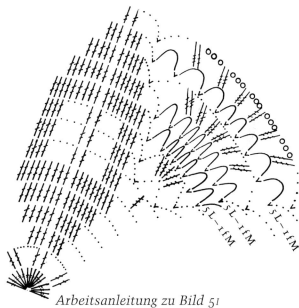

Arbeitsanleitung zu Bild 50

Material: Anchor Glanzhäkelgarn 30/10 g
Durchmesser: 17 cm
Anschlag: Einen Ring aus 10 Luftmaschen herstellen, darauf 24 Stäbchen häkeln, dann 24 x
(1 Stäbchen – 1 Luftmasche).

Arbeitsanleitung zu Bild 51

Material: Anchor Glanzhäkelgarn 20/10 g
Durchmesser: 19 cm
Anschlag: Einen Ring aus 10 Luftmaschen herstellen, darauf 28 Stäbchen häkeln.

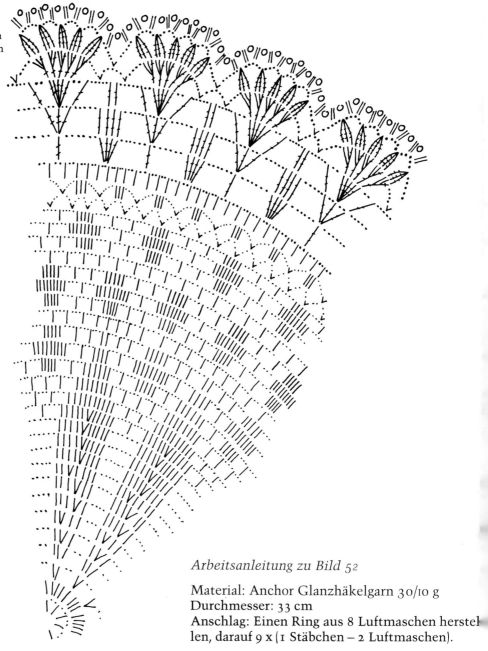

𝕐 = auf ein Doppelstäbchen von dessen Mitte aus noch zwei Stäbchen häkeln.

Arbeitsanleitung zu Bild 52

Material: Anchor Glanzhäkelgarn 30/10 g
Durchmesser: 33 cm
Anschlag: Einen Ring aus 8 Luftmaschen herstellen, darauf 9 x (1 Stäbchen – 2 Luftmaschen).

52 Deckchen

53 Deckchen

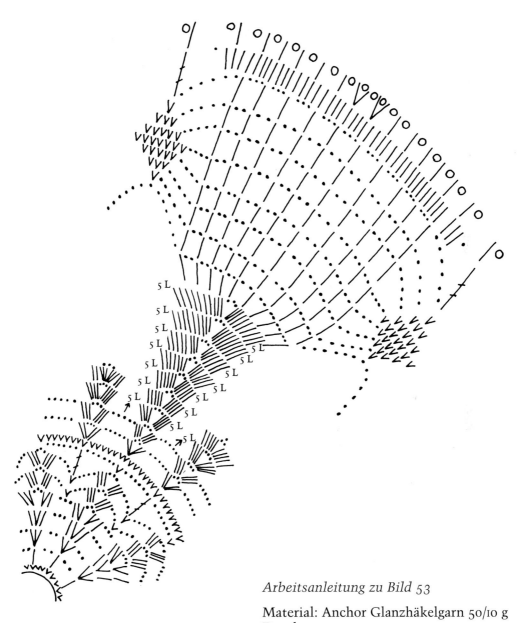

Arbeitsanleitung zu Bild 53

Material: Anchor Glanzhäkelgarn 50/10 g
Durchmesser: 31 cm
Anschlag: Einen Ring aus 10 Luftmaschen herstellen, darauf 24 feste Maschen häkeln.

54 Deckchen

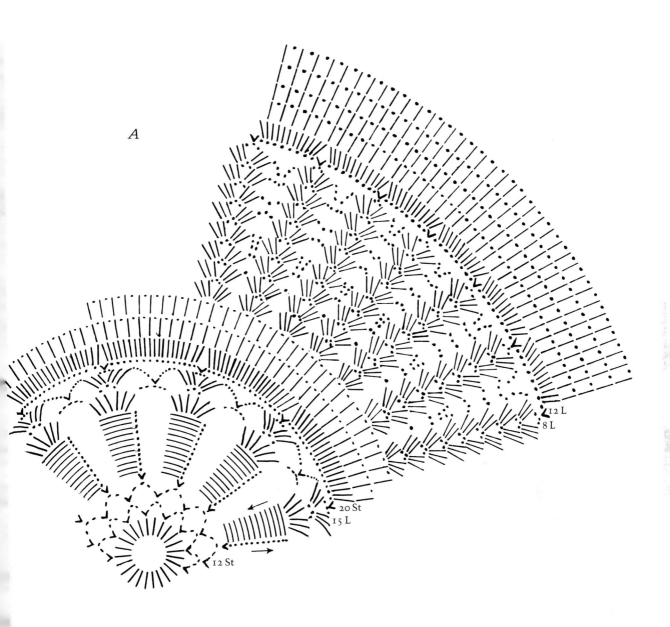

Arbeitsanleitung zu Bild 54

Material: Anchor Liana 20/50 g
Durchmesser: 54 cm
Anschlag: Einen Ring aus 12 Luftmaschen herstellen, darauf 24 Stäbchen häkeln.

B

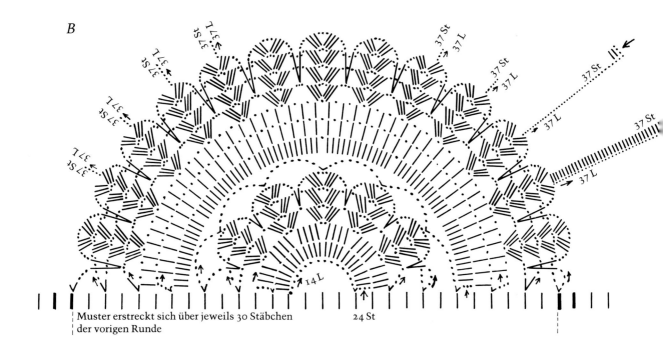

Muster erstreckt sich über jeweils 30 Stäbchen der vorigen Runde   24 St

Auf das Mittelstück des Deckchens (Muster A) sind 8 Halbkreise zu häkeln (Muster B) und zwar vom dicken Punkt in der Mitte aus in hin- und hergehenden Reihen (siehe Pfeil). Jede Reihe wird mittels einer Kettmasche an den Stäbchen des Mittelteils befestigt. In der letzten Reihe werden anstelle der 3 Luftmaschen 8 x Streifen gehäkelt (37 Luftmaschen – darauf 37 Stäbchen).

Der Abschlußrand besteht aus 4 Runden. Hierzu sind die Streifen (Muster B) vorher zu ordnen und zu flechten (siehe Muster C). Dann ist wie folgt weiterzuhäkeln:

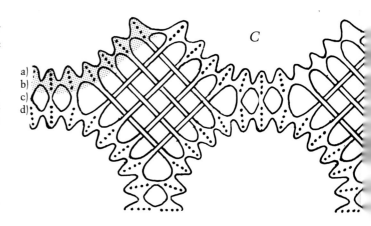

C

	oben auf einem Streifen	dazwischen	auf folgendem Streifen
a)	(3 St – 3 L – 3 St)	– 3 L –	(3 St – 3 L – 3 St)
b)	(3 St – 3 L – 3 St)	– 3 L –	(3 St – 3 L – 3 St)
c)	(3 St – 3 L – 3 St)	– 4 L –	(3 St – 3 L – 3 St)
d)	(3 St – 3 L – 3 St)	– (3 L – 1 große fM – 3 L) –	(3 St – 3 L – 3 St)

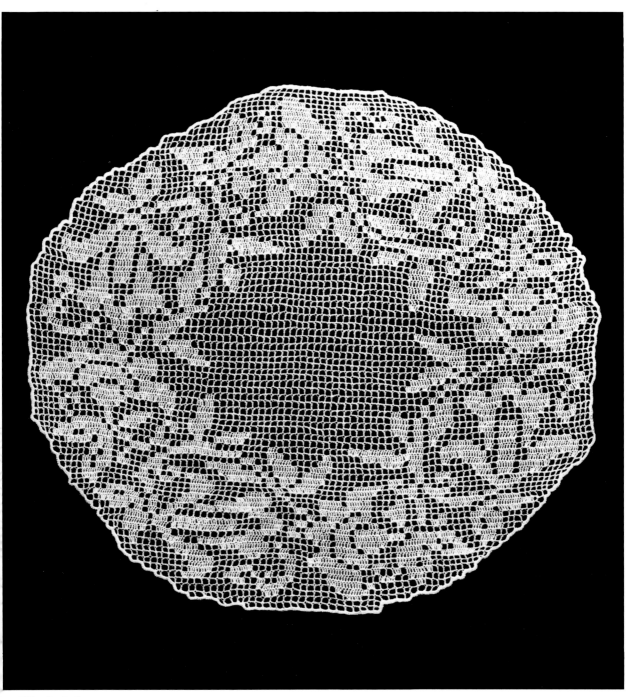
55 Filetdeckchen

Arbeitsanleitung zu Bild 55

Material: Anchor Glanzhäkelgarn 50/10 g
Größe: 34 x 33 cm
Anschlag: 58 Luftmaschen

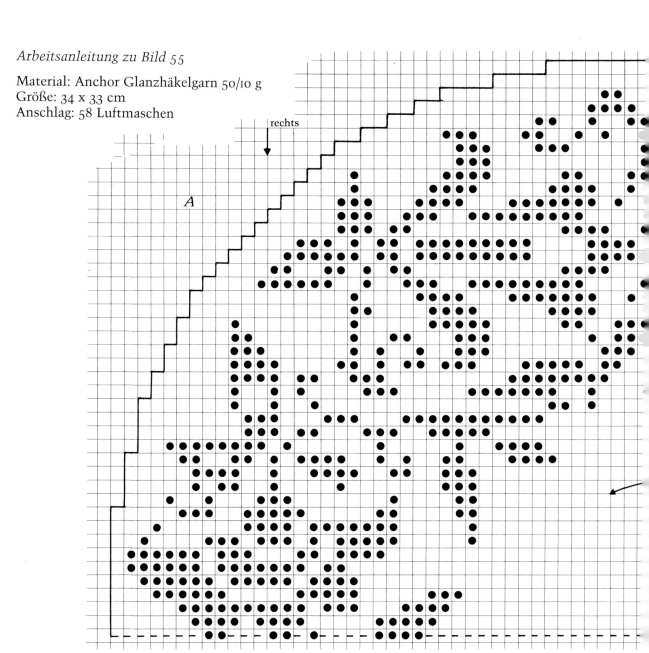

Das fertige Deckchen wird mit festen Maschen umhäkelt. Dieses Deckchen wird aus 4 gleichen Motiven gehäkelt, die im Uhrzeigersinn jeweils um 45 Grad versetzt werden (siehe Muster A und B). Auch in der 2. Hälfte des Deckchens wird im gleichen Sinne verfahren, so daß das Muster von rechts oben nach links unten und von links oben nach rechts unten wechselt.

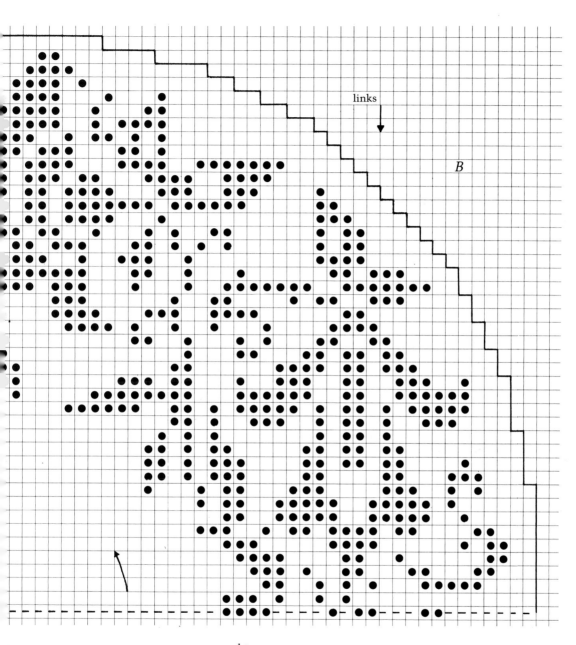

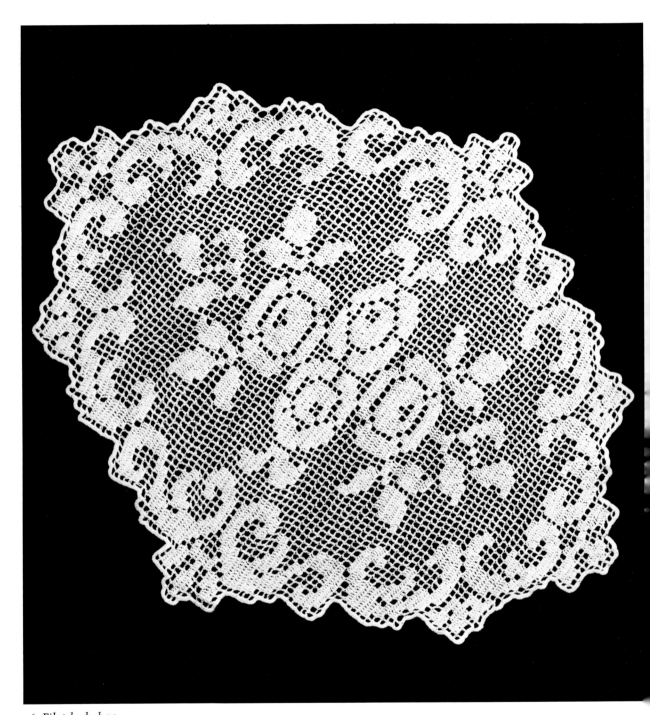

56 Filetdeckchen

Arbeitsanleitung zu Bild 56

Mat.: Anchor Glanzhäkelgarn 50/10 g
Größe: 38 x 29,5 cm
Anschlag: 10 Luftmaschen

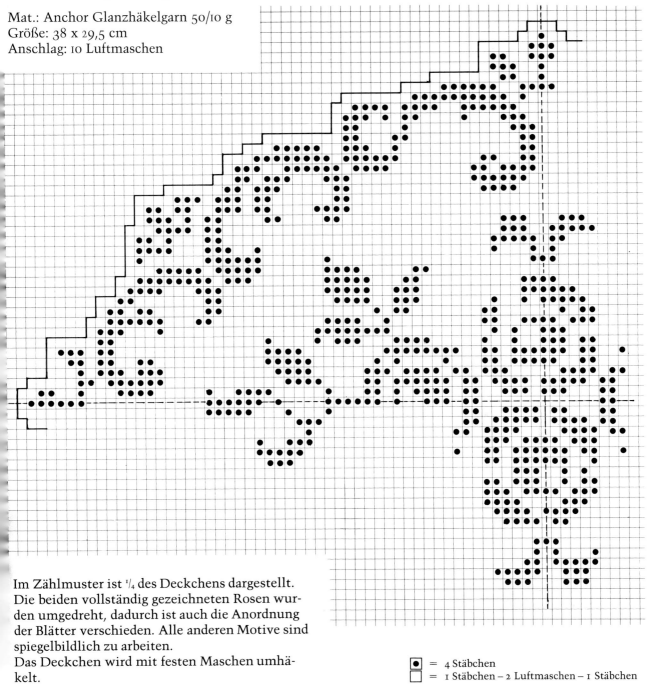

Im Zählmuster ist ¼ des Deckchens dargestellt. Die beiden vollständig gezeichneten Rosen wurden umgedreht, dadurch ist auch die Anordnung der Blätter verschieden. Alle anderen Motive sind spiegelbildlich zu arbeiten.
Das Deckchen wird mit festen Maschen umhäkelt.

● = 4 Stäbchen
☐ = 1 Stäbchen – 2 Luftmaschen – 1 Stäbchen

Arbeitsanleitung zu Bild 57

Material: Anchor Liana 20/50 g
Größe: 100 x 29 cm
Anschlag: 29 Luftmaschen
Das fertige Deckchen wird mit festen Maschen umhäkelt. Man kann auch in der Mitte des Deckchens beginnen (Anschlag 181 Luftmaschen). Beginnt man seitlich, dann muß man beim Zunehmen eines Kästchens jeweils 4 Luftmaschen + 4 Luftmaschen für das erste Doppelstäbchen + 3 Luftmaschen häkeln.

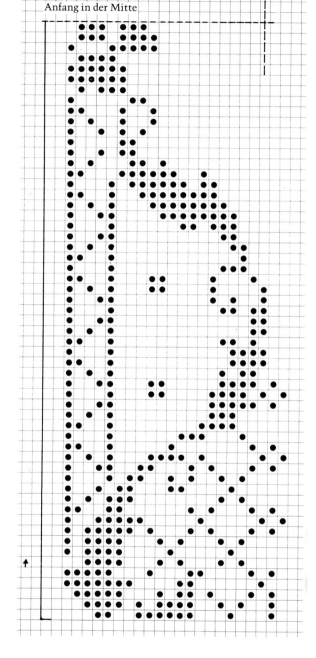

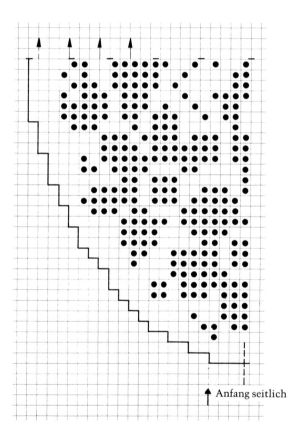

■ = 5 Doppelstäbchen
□ = 1 Doppelstäbchen – 3 Luftmaschen – 1 Doppelstäbchen

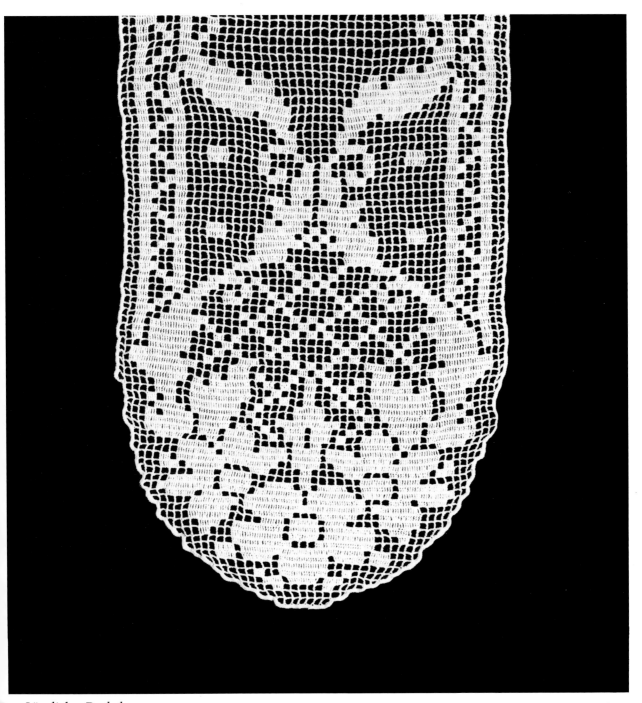

57 Längliches Deckchen

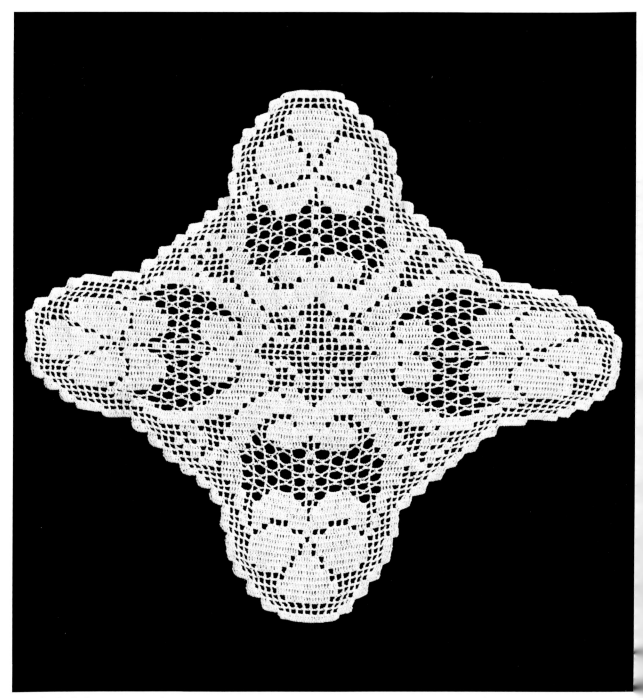

58 Filetdeckchen

Arbeitsanleitung zu Bild 58

Material: Anchor Glanzhäkelgarn 30/10 g
Größe: 34 x 31 cm
Im Zählmuster ist ¹/₄ des Deckchens dargestellt. Die beiden Hälften werden von der Mitte aus gearbeitet.
Anschlag: 238 Luftmaschen, wenn man in der Mitte beginnt, 28 Luftmaschen, wenn man seitlich beginnt

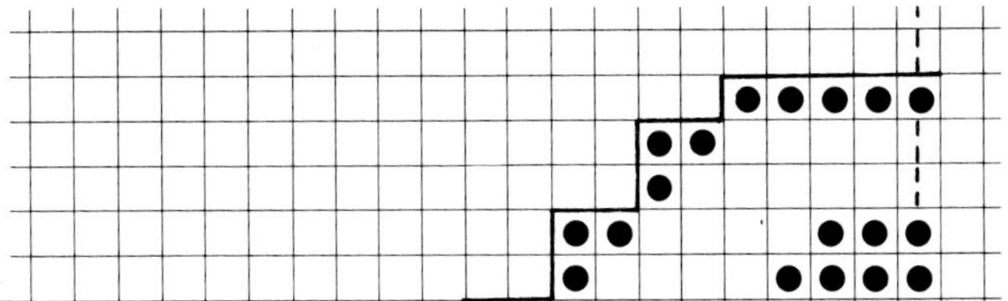

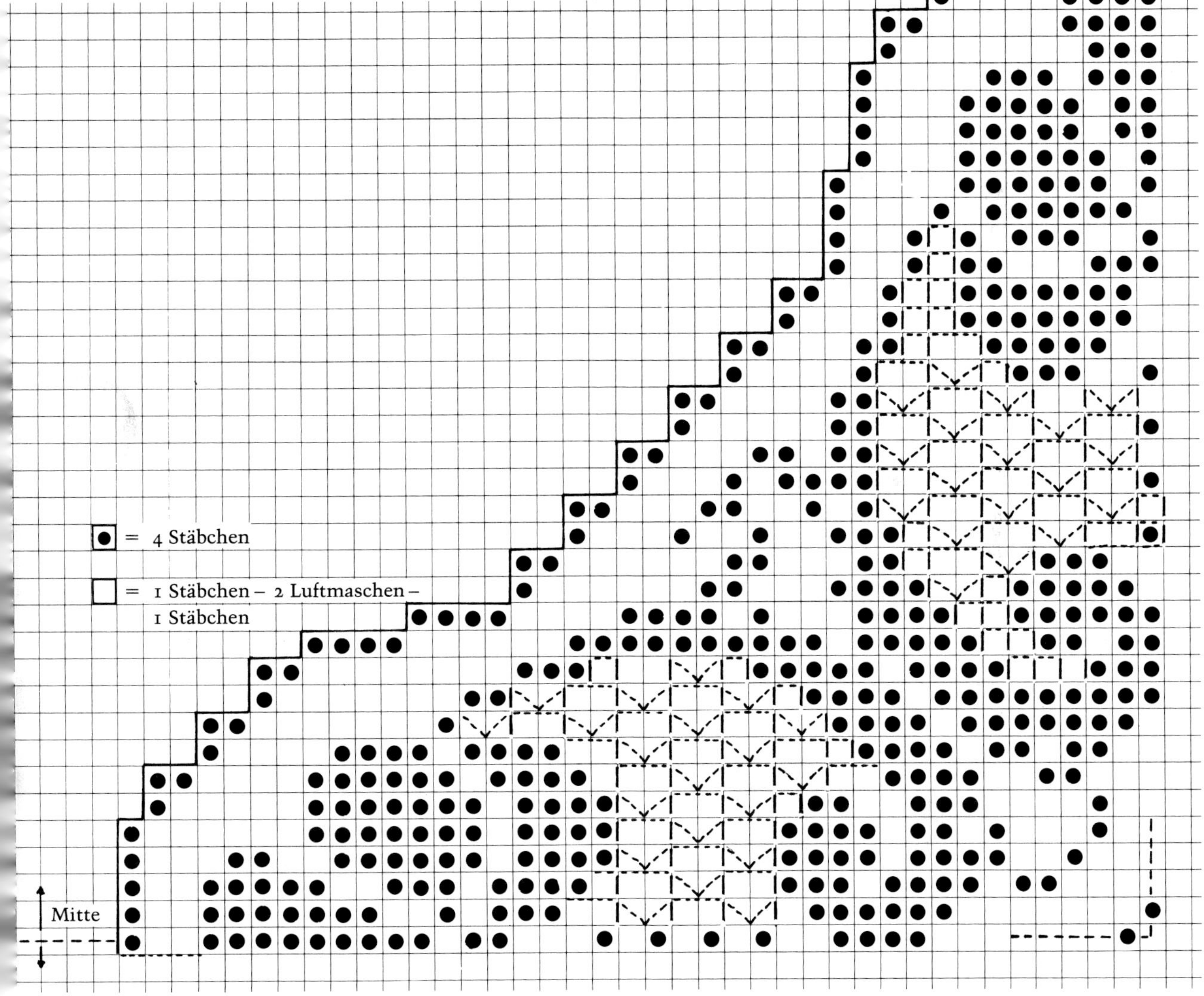

● = 4 Stäbchen

☐ = 1 Stäbchen – 2 Luftmaschen – 1 Stäbchen

Mitte

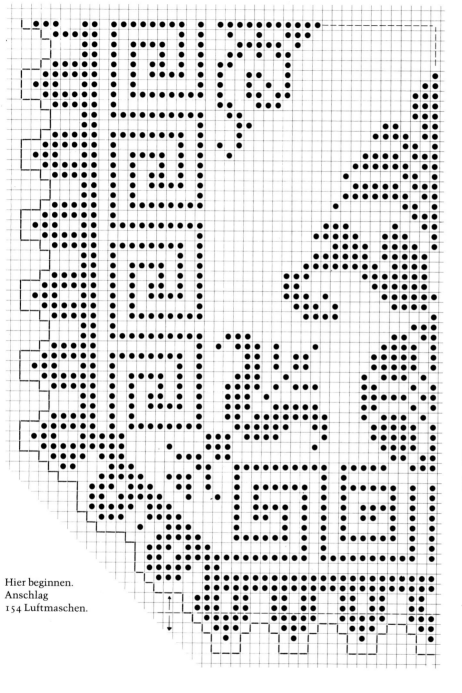

Arbeitsanleitung zu Bild 59

Material: Anchor Glanzhäkelgarn 50/10 g
Größe: 43 x 34 cm
Im Zählmuster ist ¼ des Deckchens dargestellt. Das fertige Deckchen wird mit festen Maschen umhäkelt.

☐ = 1 Stäbchen – 2 Luftmaschen – 1 Stäbchen
⊡ = 4 Stäbchen

Hier beginnen.
Anschlag
154 Luftmaschen.

59 Rechteckiges Filetdeckchen

Arbeitsanleitung zu Bild 1 (S. 101)

Material: Anchor Glanzhäkelgarn 50/10 g
Durchmesser: 40 cm
Anschlag: Einen Ring aus 20 Luftmaschen herstellen, drauf 40 Stäbchen häkeln.

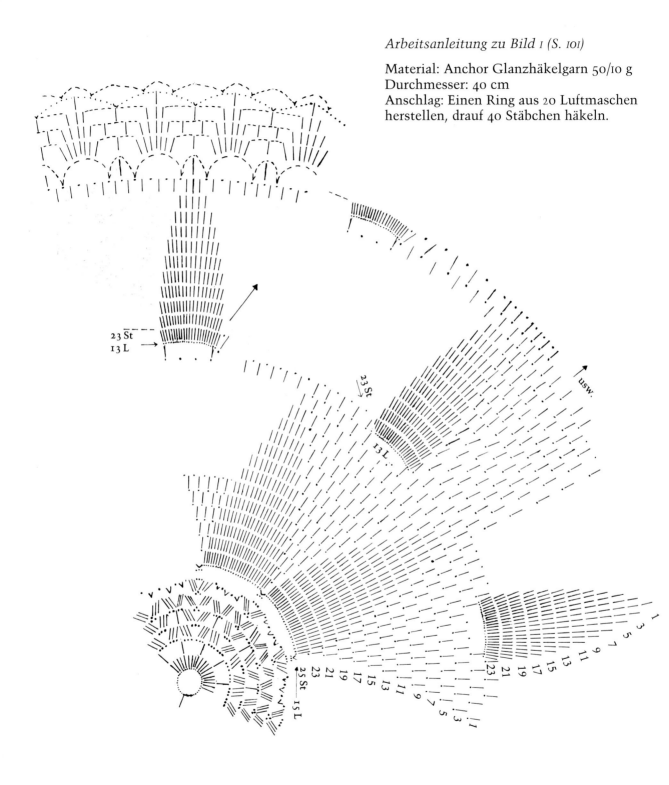